ちくま新書

ヴェーバー入門

——理解社会学の射程

中野敏男
Nakano Toshio

1535

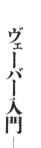

ヴェーバー入門――理解社会学の射程【目次】

凡例

一　ヴェーバーの著作からの引用は、論文の日本語略称を最初に表記し、ヴェーバー全集、論集、日本語翻訳の順に、三種類のページ数をスラッシュで区切ってつぎのように表記する。

例（『プロ倫』I-18: 488/RS I: 204/366）
↓（論文略称 全集のページ／論集のページ／日本語翻訳のページ）

①全集とはつぎのものであり、引用はその巻号とページをコロンで区切って表記する。
Max Weber Gesamtausgabe, J.C.B. Mohr（Paul Siebeck）, Tübingen.
必要に応じてMWGAと略記する。

②論集はそれぞれ略号をつけて、つぎのものを使用する。

・RS……*Gesammelte Aufsätze zur Religionssoziologie*, J.C.B. Mohr（Paul Siebeck）, Tübingen.
Ⅰ　一九二〇年、みすず書房復刻版一九七七年。
Ⅱ　一九二一年、みすず書房復刻版一九七七年。
Ⅲ　一九二一年、みすず書房復刻版一九七八年。

・WG……*Wirtschaft und Gesellschaft*, 5. rev. Aufl., J.C.B. Mohr（Paul Siebeck）, Tübingen, 1976.

・WL……*Gesammelte Aufsätze zur Wissenschaftslehre*, 4. Aufl., J.C.B. Mohr（Paul Siebeck）, Tübingen, 1967.

・PS……*Gesammelte Politische Schriften*, UTB, J.C.B. Mohr（Paul Siebeck）, Tübingen, 1988.

③日本語翻訳は参照のためつぎのものを使用した。ただし、訳文の責任は中野にある。

・『プロ倫』……『プロテスタンティズムの倫理と資本主義の精神』大塚久雄訳、岩波文庫、一九八九年。
・『ロッシャーとクニース』……『ロッシャーとクニース』松井秀親訳、未來社、二〇〇一年。
・『客観性』……『社会科学と社会政策にかかわる認識の「客観性」』富永祐治・立野保男訳、折原浩補訳、岩波文庫、一九九八年。
・『批判的研究』……「文化科学の論理学の領域における批判的研究」(『歴史は科学か』森岡弘通訳、みすず書房、一九六五年、所収)。
・『シュタムラー論』……「R・シュタムラーの唯物史観の「克服」」松井秀親訳(『完訳・世界の大思想―1　ウェーバー社会科学論集』河出書房新社、一九八二年、所収)
・『カテゴリー』……『理解社会学のカテゴリー』海老原明夫・中野敏男訳、未來社、一九九〇年。
・『基礎概念』……『社会学の根本概念』清水幾太郎訳、岩波文庫、一九七二年。
・『宗教』……『宗教社会学』武藤一雄・薗田宗人・薗田坦訳、創文社、一九七六年。
・『法』……『法社会学』世良晃志郎訳、創文社、一九七四年。
・『序言』……「宗教社会学論集　序言」(『宗教社会学論選』大塚久雄・生松敬三訳、みすず書房、一九七二年、所収)。
・『序論』……「世界宗教の経済倫理　序論」(前掲『宗教社会学論選』所収)。
・『中間考察』……「世界宗教の経済倫理　中間考察」(前掲『宗教社会学論選』所収)。
・『儒教』……『儒教と道教』木全徳雄訳、創文社、一九七一年。
・『ヒンドゥー教』……『世界諸宗教の経済倫理 II　ヒンドゥー教と仏教』深沢宏訳、日貿出版社、一九八三年。

・『国民国家』……「国民国家と経済政策」中村貞二訳（『政治論集 Ⅰ』中村貞二・山田高生・林道義・嘉目克彦共訳、みすず書房、一九八二年、所収）。

・『伝記』……マリアンネ・ウェーバー『マックス・ウェーバー』大久保和郎訳、みすず書房、一九八七年。(Marianne Weber, *Max Weber Ein Lebensbild*, J.C.B. Mohr（Paul Siebeck）, Tübingen, 1984.)

二　引用文中の強調については、圏点（・・・）は原著者の強調、傍点（、、、）は引用者の強調である。

三　引用文中の〔　〕は引用者による補足、解説、注などである。

はじめに――ヴェーバー理解社会学を再発見する

†ヴェーバーと言えば

今日、マックス・ヴェーバーと言えば、例えばつぎのような言葉をいちばんはじめに思い起こす人が多いかもしれません。

精神なき専門人、心情なき享楽人、この無なるものが、人間性のかつて到達したことのない段階にまですでに登りつめた、と自惚《うぬぼ》れている。(『プロ倫』I-18: 488/RS I: 204/366)

これは、ヴェーバーにとって最も大切な著作の一つと言ってよい『プロテスタンティズムの倫理と資本主義の精神』(以下では『プロ倫』と略す)の末尾に登場するとても印象的な一節で、近代資本主義の進展が結果として生み出していく人間像、その貧しく一面化して歪んだ形の行く末(「この無なるもの」!)を予見したものと理解され、広く知られています。

ニーチェ風のニヒリズムの影を宿すこの警句は、明晰な社会科学の論理に貫かれた著作の末尾でことさら際立ち、〈近代〉という時代を堅固な学問の構成をもって問うた社会科学者ヴェーバーが下す時代診断の痛切な結語として、とても意味深く受けとめられてきました。

かつてヴェーバーという思想家は、「近代社会」の原像を個人の「主体性」と社会関係の「合理性」が尊重される社会として明るく肯定的に描きだし、それに向かって近代化の道を説くキリスト教的ヒューマニズムの伝道師とも見なされたことがありました(1)。それは、日本という場では特にアジア太平洋戦争の終結に前後する時期に注目されたヴェーバー理解で、近代化の遅れが敗戦を招いたとの「反省」から日本社会の近代化が切実な課題と意識されたときに、その導き手として彼の近代に志向する思想が求められたのでした。

そのヴェーバーが、著作の深部では同じ近代社会、近代資本主義の根底に人間をこのような歪みに追い込む「合理的非合理性(2)」(大塚久雄の表現)があると認めていて、それへの警鐘まで実は鳴らしている。そうした事実を証示すると認められるこの警句への注目は、それまでのヴェーバー像に大きな転換をもたらしました。「近代化の道の唱道者」から「近代批判者」へ、関心の軸足を移すこのような認識転換は、ヴェーバーが生きた時代から一〇〇年ほどが過ぎ、そうした近代的諸事象の内包する矛盾がいよいよ噴出して制御不能にも見えてきた二一世紀初半の時代状況にむしろ照応し、この思想と学問がもつ積極的な現代的意義にあらためて気づくきっかけともなって、近年またヴェーバーに特別な関心が寄せられるようになっています。

本書で、わたしがいまこそ真剣にヴェーバーに「入門」しようと提案するのも、ひとつにはもちろん、このような近代という時代への鋭い批判的問いかけが彼の思想にはあると考えるからです。わたしたちの経済をなお支配しつづける近代資本主義、それに対応する政治の基本枠と見なされる近代国民国家とその官僚制、そこで組織され専門分化しつつ営まれる近代科学、そしてそれらすべてを根底で規定し続ける近代的な合理主義。ヴェーバーと言えば多くの人がただちに意識する近代のこうした社会文化諸事象、それが生み出す病理とも言える諸問題が、いまなお解決を見たとは言えず、むしろさらに深刻な事態をさまざまに派生させて切実な課題になり続けている。こうした現実を目の当たりにして、ヴェーバーの学問が、この近代という時代への批判にまで踏み込んでその問題に比類なく原理的かつ包括的に取り組んだと考えられればこそ、いまいちどそれを基礎から学び直し、そこにある問いと答えの全体像をしっかり再確認しておきたい。本書では、まずはこのような認識と志をもって考察を出発させようと考えます。

†それはヴェーバーに独自な問いではない

もっとも、このようにヴェーバーへの問いを始めようとするときに、しかしここには実はひとつ重大な落とし穴があるということを、今日のわたしたちは知っておかなければなりません。というのは、冒頭に引用したヴェーバーの言葉、『プロ倫』の末尾にあって考察の結語とも見えるその警句が、実はそれ自体としてはヴェーバーその人にオリジナルな表現ではなかったということが近年知られてきているからです。ヴェーバーがこの言葉を書き込んだ『プロ倫』第二章を公表したのは、一九〇五年に刊行された雑誌『社会科学・社会政策アルヒーフ』[3]（以下では『アルヒーフ』と略す）第二一巻一号の誌上でしたが、それ以前に歴史学派国民経済学者のグスタフ・シュモラーが一九〇〇年に発表した著書『一般国民経済学要綱』で、時下の経済状況に触れる際につぎのような表現を使用していたのです。

〔今日では〕富裕層は際限ない享楽を追求し、また中産層や貧困層は彼らの贅沢を羨むから、いずれにおいても内面を幸福で満たすことができない。そこで数年前にある偉大な技術者は、この傲慢な時代を、的外れとは言えないつぎの言葉で特徴づけた。

「愛なき享楽人、精神なき専門人、この無なるものが、人間性の歴史上到達したことのない高みにすでに立っている、と自惚れている」と。[4]

この一節は、当書の「国民経済学上の意義から見た技術の発展」と題された章に登場するもので、シュモラー自身は「ある偉大な技術者」の言葉の引用としてこれを書いていますが、微妙な差異を度外視すれば『プロ倫』の警句との類同性は明らかでしょう。当時、学界の重鎮だったシュモラーの著作のことですし、広く流通した本でもあるわけですから（初版三〇〇〇部、二三年までに一万五〇〇〇部刊行）、これをヴェーバーが読んでいた（知っていた）のはほぼ間違いないと考えられます。

こうした事実は、シュモラーとヴェーバーが、資本主義経済の進展とともに生み出されている人間へのネガティヴな影響、そこに生まれつつある人間性の歪みについて、同時代の観察者としてともに「ある偉大な技術者」の言葉に共感し、その点では認識を共有していたことを示していると考えられます。ヴェーバー自身としても、この警句に同時代である資本主義近代についての批判的な認識を託したと見て間違いないでしょうが、しかしその限りの認識であるならば年長の同時代人であるシュモラーと重なっており、むしろこちらの方が先駆けてそれを提示していたというわけです。

そうだとすれば、ここにヴェーバーを理解する上できわめて重大な問題が生ずるのは避けられないでしょう。すなわち、するとヴェーバーに真にオリジナルなこととはいったい何なのか、という問題です。ヴェーバーにとって最も大切な仕事のひとつである『プロ倫』の末尾の言葉にこの学問の思想の深さを見いだしてきたこれまでの研究は、その中心部でヴェーバーをシュモラーに重ねたまま理解し、ヴェーバーその人の学問の独自性を、その本当に鋭利な問いの形を、実は見損なっていたかもしれないのです。

†大塚久雄の問いかけ

この点は、今日、本書をおもに読んでくださるはずの、まずは日本語でヴェーバーにアプローチしようと考えられている方々にとっては、とりわけ重要で見逃してはならない問題であるようにわたしは思います。

この日本という場で、冒頭に引用した『プロ倫』末尾の言葉が注目されその深刻な意味が議論されるようになるのは、まずは一九六四年に東京大学で開催されたヴェーバー生誕一〇〇年を記念するシンポジウムにおいてのことでした。丸山眞男（政治思想史）や内田義彦（経済思想史）や堀米庸三（西洋史）など、戦後日本の社会科学を代表する碩学《せきがく》が総結集したともいえるこのシンポジウムで、主催者であった大塚久雄（経済史）は報告のまとめにこの言葉を特に取り上げ、これが「大衆社会的状況の到来」を時代に（半世紀も！）先駆けて予告するものだったと、まずは驚嘆の思いを語ります。その上で、しかし資本主義近代をめぐるこのあまりにも否定的な言辞が、近代化に向かう「歴史における変革の原動力」を積極的に提示していたはずの（そのように理解してきた）それまでのヴェーバー像と、「十分に整合的でありうる」かと深刻に問い返したのです。[5] 戦後日本の社会科学にとって画期となるようなそんな場において、それまで日本のヴェーバー研究をリードしてきた大塚が投げかけたこの問いは、研究のその後を総じて方向づけるとても重い課題として残されたのでした。

ここから日本のヴェーバー研究は、社会科学の諸領域を実際に広く巻き込みつつ専門研究として進展し、また冒頭で確認したような大きな転換を遂げていくことにもなります。ここには大塚が先鞭《せんべん》をつけた「近代化」への重い問いがあり、それがために日本に「特別」とも言えるヴェーバーへの高い関心が持続して、多くの専門的に立ち入ったヴェーバー研究も生まれました。[6] 戦後日本の社会科学に支配的な思潮であったマルクス主義にヴェーバーが対比され、近代を有効に論ずるのは「マルクスかヴェーバーか」として議論されたことも、ヴェーバーへの関心を刺激しつづける要因になったと思います。そんな中で、膨大なヴェーバーの著作群のほとんどが基本的には通読可能な日本語翻訳で読めるようになったことも、この地でヴェーバーから学ぼうとする者に有利な条件となっています。

†専門分化するヴェーバー研究、消えていく理解社会学

もっとも、そんな一九六四年ヴェーバー生誕一〇〇年以後の時期もさらに時が過ぎて、第二次世界大戦後の全世界を規定してきた東西冷戦が終結に向かう前後になると、日本のヴェーバー研究は、いよいよ多様な展開を見せるとともに実はそこにある別の問題を抱え込んでいくと、わたしは考えています。

日本のヴェーバー研究史を総括的にたどったシュヴェントカーは、この頃の研究状況について、「遅くとも一九八〇年以降はヴェーバー研究も著作の特定部門だけを自らの守備範囲と感じているスペシャリストの時代を迎えた(7)」と概括しました。確かにこの時期になると、一九六四年以降に展開したヴェーバーをめぐる専門研究はさらに広がり深化して、個々の学問的専門分野の視角から、あるいはヴェーバー自身の多彩な作品のどれか一つに即して、まさにスペシャルな研究成果が多く生まれるようになり、この意味でヴェーバー研究はまた一段階進んだと見ることができるのです。とはいえ問題というのは、この「スペシャリストの時代」にそれとまさに並行するように、総じて日本のヴェーバー研究が、ヴェーバーの学問作業全体を統一的な知的プロジェクトとしている基点、その問題意識の

核と方法上の基軸を見失っていくように見えることです。細部に分け入って研究が進んだからこそ、かえってそれら全体の中心にあるはずの軸が見えにくくなっているというわけです。

ここでわたしがヴェーバーの学問作業の方法上の基軸と考えているのは、「理解社会学」と称される彼の学問の「解明的理解」という方法のことです。ヴェーバーは、自らの社会学を「社会的行為を解明しつつ理解し、それによりその経過と働きについて因果的に説明しようとする学問」（『基礎概念』I-23: 149/WG: 1/8）と定義し、これを「理解社会学」と名づけているのです。本書は、この理解社会学こそヴェーバー固有の学問の形であると認めてそのヴェーバーへの「入門」をタイトルに掲げ、その意味や方法の詳細について紹介し論じたいと思っていますが、それは彼自身の学問のこの自己定義を根拠にしてのことです。

もちろん実際には、ヴェーバーの学問人生全体がこの理解社会学の定礎と展開のプロセスであったと見るべきで、最晩年に至ってもそれが最終的に完成を遂げたということはできません。とはいえこの理解社会学というのが、ヴェーバー自身により採用された彼の学問の定義である（となった）ことは間違いないのです。それなのに、「スペシャリストの時代」に専門分化した現在までのヴェーバー研究は、解明的理解を方法の核としたこの理解社会学という学問の基礎的枠組みをさして深く顧慮することなしに、それぞれ個別に研究対象を区画し議論を進めているというのが一般的な状況であると見えます。

この現在に至る事態をまさに徴候的に表現しているのが、この時期に登場して「マックス・ヴェーバー入門」をタイトルに銘打った二つの新書だと言ってよいでしょう。そのひとつは、一九九七年刊行の山之内靖著『マックス・ヴェーバー入門』（岩波新書）であり、もうひとつは、二〇〇六年刊行の牧野雅彦著『マックス・ウェーバー入門』（平凡社新書）です。この二つの新書はともに、ヴェーバーの学問世界への招待を企図した「入門」書として、この時代を代表する作品であると認められるものです。とはいえ、それにもかかわらずいずれの新書も、理解社会学については無関心であり、解明的理解の方法に触れることなしにヴェーバーを論じていて、むしろその点に顕著な特徴があるとわたしには見えます。[8] そもそもそれらには、「理解社会学」という言葉自体がほとんど出てこないのです（それぞれ付随的に一回ずつ出現するだけ！）。であれば、そのような著作によっては、ヴェーバーが関係する諸事項やヴェーバーを取り巻く知的状況などについてはさまざまな知見が得られたとしても（実際に両著は、それらの点では情報や知見が豊富に盛り込まれて優れた労作と評価できます）、肝心のヴェーバーその人の学問には入門できない、とわたしは思います。

†理解社会学の再発見

これに対して、理解社会学という観点に立つと、冒頭で触れた『プロ倫』末尾の警句に関わる疑問についても、問題の連関がはっきり見えてきます。疑問というのは、一九〇五年の初出時に『プロ倫』末尾に盛り込まれたその言葉には一九〇〇年刊行のシュモラーの著作に類似の先行用例がすでにあって、そうだとすれば、ヴェーバーのオリジナリティとはいったいどこにあるのかというものでした。そこで、そんな疑問を持ちながらこの一九〇〇年から〇五年へと続く時期をヴェーバーの学問的歩みという視角から見直してみると、ちょうどこの時期こそ、彼がオリジナルな理解社会学という学問を粒々辛苦しながら創設しようとしている、まさにその時期であったと気づかされるのです。

ヴェーバーは一九一三年になって、初めて「理解社会学」を表題に掲げた論文を『ロゴス』誌上に発表しますが、そこでその表題そのものにつぎのような注を付しています。

ジンメルの（『歴史哲学の諸問題』における）叙述と、私が以前（シュモラーの『年報』[9]とヤッフェの『アルヒーフ』に）発表した論文の他、リッカートの『限界』第二版における）覚書とK・ヤスパースのさまざまな著作（特に現時点では、精神病理学総論）を

参照されたい。(『カテゴリー』I-12: 389/WL: 427/6)

これは「理解社会学」という表題自体にヴェーバー自身が付けた注なのですから、この学問の成立を考えるうえで第一の手がかりとすべき参照注に間違いありません。この参照指示からジンメルなどヴェーバー以外の人びとの作品をとりあえず別にして、ヴェーバー自身の仕事だけを取り出すならば、参照すべき作品とはつぎの諸論文だということになります。

①「ロッシャーとクニース　歴史的国民経済学の論理的諸問題」(『年報』一九〇三—〇六年)
②「社会科学と社会政策に関わる認識の「客観性」」(『アルヒーフ』一九〇四年)
③「プロテスタンティズムの倫理と資本主義の精神」(『アルヒーフ』一九〇四—〇五年)
④「文化科学の論理学の領域における批判的研究」(『アルヒーフ』一九〇六年)
⑤「R・シュタムラーによる唯物論的歴史観の「克服」」(『アルヒーフ』一九〇七年)

こう並べてみると『プロ倫』は、まさにそれこそが、理解社会学とは何かを知るためにヴェーバー自身が参照指示する諸論文の中核に位置していると分かります。しかもその前後の論文は、ヴェーバーが付けた表題通りに内容を受けとめるなら、彼が同時代の国民経済学、社会科学、社会政策学、文化科学、そして歴史認識の方法について進めた克明な批判的検討の成果をまとめた著作と認められるでしょう。そうだとすれば確かにこれらは、全体として理解社会学という新しい学問の創設作業であったと考えてよいように思われます。

しかも、その内容は順次立ち入って詳細に検討していきたいと思いますが、ここであらかじめ概括的に言えば、第一論文①『ロッシャーとクニース』は歴史学派国民経済学の第一世代であるロッシャーとクニースを、そして第二論文②『客観性』はまさにその第二世代であるシュモラーらを批判対象とする性格の明確な方法論論文であり、それに対して第三論文③『プロ倫』は、それら方法論上の論考で理論的に論じた学問方法を実質研究のモノグラフをもって実際に応用してみせるという、構造的な対応関係にあると理解できます。すなわち、一連の論文をまとめて参照指示するヴェーバーの意向を正面から受けとめるなら、これらは理解社会学の実質研究とその方法論としてワンセットに読むべきものであり、それゆえ『プロ倫』末尾の言葉も、このロッシャーとクニースへの批判やシュモラーらへの批判を踏まえてはじめてその深意が理解できると考えられるのです。そこから第四論文、第五論文まで射程に入れて、一連の成果を理解社会学の基本論文として統一的に読み進めてこそ、この学問のオリジナリティも本当の姿を現すと見なければなりません。

それなのに、現在のヴェーバー研究やその紹介は、総じてこの学問の理解社会学という基本性格を後景に退けてしまっていると見えるのです[10]。そこで、本書の出番がめぐってきます。これは理解社会学の再発見という道です。この一点に関心を集中しようと考えて企画された本書では、「人間ヴェーバー」とか「大学人ヴェーバー」とか「政治家ヴェーバー」とか、さまざまに語られうる多面的な存在であるマックス・ヴェーバーの全体像をもれなく包括的に論ずるというのは断念しようと思います。そのように焦点をしっかり定めて理解社会学の核心に迫ろうとするこの道は、しかし、ヴェーバーその人の学問には確かに入門しうる道に違いないと考えられます。であれば、この道に分け入ってこそ、ヴェーバーの学問の真価も見えてくるはずなのです。そう見定めて、いざ出発することにしましょう。

第 1 章
ヴェーバー理解社会学の誕生

1903年、理解社会学を構想し始めた頃のヴェーバー

1 動機の理解に関心を寄せる

†考察の起点

マックス・ヴェーバーのオリジナルな学問は、独自な視角と方法をもつ〈理解社会学〉として二〇世紀の初頭に新設されている。これが本書の基礎認識です。すると、この理解社会学という学問は、いったい何を課題とし、どのような個性を持つものとして出発したのでしょうか？　その再発見をめざす本書の考察は、この問いから始まります。本書ではこの問いを、まずはヴェーバー自身が参照を指示していて関連が明らかな五つの論文に出来る限り即して考察し、この確実な入門口から壮大なヴェーバー理解社会学の学問世界に立ち入って行こうと思います。読者のみなさんには、出来ればこの五つの論文（いずれも通読可能な日本語訳がすでにあります）をそばに置いて、ご自身で対応するヴェーバーの記述を確かめながら読み進めていただければと願っています。そうしてくだされば本書も、単なる概説書の水準を超え、当の学問に実際に立ち入るという意味で〈入門〉への導きを確かに果たすことができると思います。

さて、わたしたちはすでに『プロ倫』末尾の警句に注目し、ヴェーバーにとってまさに問題の核心に触れるはずの（そのように認められてきた）この箇所に、先行世代の研究者であるシュモラーとの接点を見いだしています。この接点でヴェーバーが確かにシュモラーと重なり、またそこから分かれて進んでいくのであれば、これは、ヴェーバーの学問世界そのものが外部とつながる接点、言い換えるとヴェーバーその人の独自な問いが始まる岐路でもあると考えられるところです。そこで、この学問の個性を問うわたしたちの旅も、まずはこのシュモラーとの接点にしっかりこだわってここから歩みを進めることにしましょう。

そのようにシュモラーを意識して考察を始めると、ここで理解社会学の基本論文と見た五作品のうち学問方法論として最初にまとまった論文、すなわち「社会科学と社会政策に関わる認識の「客観性」」（一九〇四年、以下では『客観性』と略す）が、まさにシュモラーその人を最初の論争相手として強く意識し、それとは違う学問への道を開くものとして説き起こされていることに気づかされます。というのも、この『客観性』の冒頭でヴェーバーは、「社会倫理的なもの（das Sittliche）」を経験的な基礎として国民経済学を「倫理的科学」にまで高めるとする議論を特に取り上げて批判しており（『客観性』I-7: 145/WL: 148/28-9）、当時の文脈で見るとこれがシュモラーに向けられた批判であるのは明らかだからです。sittlichというドイツ語の形容詞は、シュモラー研究ではその思想の中核にあるものとして意識されるキータームで、通常は「風習的な」という日本語が当てられる語ですが、その同じ語が『客観性』の日本語訳では「慣習倫理的な」(岩波文庫版)とか「倫理的な」(河出書房新社版)とか訳されるのでつながりが少し見えにくくなっています。その名詞形であるdas Sittlicheは、シュモラーではなんらかの社会集団が共有していると見られる倫理的意識を一般に指していて、「風習」とか「慣習」とかが含意しがちな「土着の」とか「伝統的な」とかいうニュアンスを必ずしも含まないので、本書では「社会倫理的なもの」という訳語を採ろうと思いますが、それはともかくこの語が使われている経緯を知れば、『客観性』でヴェーバーがまずはシュモラーを意識し批判してそこから理解社会学に進む道を切り開いていることがよく分かります。

すると、このシュモラーとの関わりにはどのような意味が含まれていたのでしょうか。

†問題は資本主義の下にある人間の行方

国民経済学者のシュモラーと言えば、ヴェーバーとの間で交わされたいわゆる「価値判断論争」が有名で、講壇社会主義者と見なされ、また社会政策学会の保守派として、それに対する自由派と見られたヴェーバーとは対立した面ばかりがこれまでは強調されてきました。しかしそうした論争の対立面の意味を本当に理解するためには、その前提として、同時代の社会理論家である彼らがすでに見たような一見して近く重なる問題意識をもっていた事実を見逃すことはできません。しかもこの問題意識は、二〇歳以上年長のシュモラーからすれば、この時期にたまたま思いついた新奇な観点なのではなく、すでに長い時間をかけて練り上げられてきている彼の時代意識の核にあるものと認めることができるのです。

ここで「社会政策学会」と言っているのは、一八七三年にドイツで正式発足した経済学および社会政策を論ずる学会のことで、シュモラーは、ルーヨ・ブレンターノやアドルフ・ヴァーグナーらとともにその中心人物として活動していました。この時期のドイツでこのような学会が組織された背景には、一八七一年の「ドイツ帝国」の成立をエポックとしてプロイセンを中心にした国家的な統一が進み、それと並行して市場圏を拡大しつつかの地で資本主義が急速に発展していたという事実があります。それによりこの一九世紀後半のドイツでは、一方で、急速な工業化に伴う「労働者問題」の顕在化とともに社会体制の変革を求める

グスタフ・シュモラー

「社会主義」の勢力が伸張し、他方では、資本主義的な農業経営をもって北東ドイツの農業地帯に勢力を維持した地主貴族＝ユンカー層の利害を代弁する「ドイツ・マンチェスター学派」の自由貿易主義が台頭して、社会対立の激化が不可避と感じられていました。

　この状況下において、近代的な産業発展とそれをもたらした経済的自由主義を基本的には支持しつつ、他方で「社会問題」には国家からの干渉である社会政策をもって対処することで、社会主義とマンチェスター学派の両者に反対し、社会対立を社会融和に反転させようとする社会改良主義への志向が一定の広がりを見せます。この志向をまとめて表現したのが社会政策学会であり、シュモラーはその中心に立っていたのです。

　一八七二年一〇月八日、シュモラーは学者たちに檄《げき》を飛ばしてアイゼナハに「社会問題討議会」を招集し、ここで翌年から正式に始まる社会政策学会の方向性を事実上決定づける有名な開会演説を行っています。その中で彼はつぎのように述べます。

〔この討議会に集まった〕人びとは、今日の国民経済の状況判断として、技術や生産、商業や流通におけるこの時代の素晴らしい進歩を否定はしません。しかし同時に、その深刻な弊害を明確に認めるのです。すなわち、所得と財産の不平等の拡大、不正な所業の横行、産業各界における連帯感の喪失、その結果として下層階級の一部に増加している粗野と放恣《ほうし》がそれです。そして、近年における分業の進展、経営や企業施設や労働体制の新しい形成、そしてこれらに対応する立法について、それの生産増大の側面のみが注目されて、それが人間に対してどのように作用するかという、同じく重要な側面が問われないという状況を重大問題と認識しております[1]。

シュモラーはここで、同時代が直面している資本主義がもたらす問題を指摘し、それを新しい学会が対応すべき課題の中心に据えています。これを見ると、そこで「人間に対してどのように作用するか」という問題が明確に意識されていて、三〇年ほど後に書かれた著作で「愛なき享楽人、精神なき専門人、この無なるもの」の出現を指摘するシュモラーにこの問題関心が連続していることが分かります。しかもこのシュモラー演説が社会政策学会という学会そのものにとっても出発点をなしたと理解するなら、その問題関心はシュモラーに限らずこの時代のドイツの学界でかなり広く共有されていたと見なければなりません。その中核をなす学問であった歴史学派国民経済学の後継者として、ヴェーバーその人も、四半世紀の後にこの問題関心とのつながりを認め、つぎのように言います。

国民経済学の領域では、この学問自身がまさにそれである人間の学問というものは、

> 経済的・社会的な生活条件の如何《いかん》によってどのような人間の特質（Qualität）が育成されるかをとりわけ問題にするものである、という認識が、再三、半ば無意識のうちに、しかし優越する認識として現れてきていました。（『国民国家』I-4-2: 559/PS: 13/50）

これは、初めてフライブルク大学の教授に就任して国民経済学を担当することになった若きヴェーバー（三一歳）が、一八九五年に行った「国民国家と経済政策」と題される「教授就任講演」の一節です。この講演でヴェーバーは、自らを「ドイツ歴史学派の門弟（Jünger）」（『国民国家』I-4-2: 563/PS: 16/53）と明確に認定し、そこに共有されていた資本主義という条件の下で育成される人間の「特質」を問う、そんな問題関心を鮮明にして自身の学問の出発を宣言しているのです。

この事実の認識は、ヴェーバーについて学び始める出発点としてとても重要だとわたしは思います。というのも、長らくヴェーバーは「資本主義の起源」を問いの基底において学問を進めた人物と誤解されてきたからです。とりわけ日本では、ヴェーバー研究を早くからリードしていた大塚久雄が、「農村工業」と「局地市場圏」の形成に注目する独自な経済史（大塚史学）の語りをもって資本主義の生成を論じ、その議論の先達としてヴェーバーを名指したために、そんなヴェーバー理解が定着してきてしまったのでした。(2)

しかし、シュモラーが社会政策学会を始めるに当たって問題にしているのは、資本主義がいかに生成したのかではなく、すでに成立している資本主義が人間に対してどのように作用しているかであり、そこで起こっている事態に対していかに対処するべきか、であったことは明らかでしょう。この時期には来たるべきつぎの社会の形まで語るマルクスの資本主義批判がすでにあり、一九世紀後半のドイツはもうこの課題を無視できない時代状況になっていたのです。そんな時代のドイツ歴史学派国民経済学の「門弟」として、ヴェーバーもまた、まずはこの後者の問題を引き受けて出発していると見なければなりません。この問いをヴェーバー自身がどのように進めていくか、そこに理解社会学という学問の個性が生まれてくるわけですが、その個性を理解するためにもこの問いの出発点の確認が重要です。

†シュモラーの立場──心理学により正義を語る国民経済学

すると、その共通する出発点の問題に即してみると、先行者であるシュモラーはそこでどのような主張をしていて、ヴェーバーはそれとどこで訣別《けつべつ》するのでしょうか。

シュモラーは、彼自身が「愛なき享楽人、精神なき専門人」の出現を指摘した一九〇〇年の著作の同一箇所で、資本主義の進展とともに自然を統御するさまざまな技術が進歩していることに触れ、そのような進歩が人間にとって歓迎できるものとなるのは、それによって革命的に変容する社会をしっかり秩序づける「不動の社会倫理的理想」が知られている場合のことだと言います。人びとが正しい社会倫理の理想＝正義を共有し、それによってみんなが自分の行動をきちんと律するようになれば、資本主義の進展とともに進む近代的な産業発展の成果を享受しつつ、他方でそれとともに現れてきた弊害を制御することもできる。逆に言えば、そんな社会倫理の理想＝正義がいまだ確立されていないからこそ、資本主義の進展につれてその深刻な弊害ばかりが目立つようになり、それに伴って人間性の歪みも不可避になっているというのが、このときのシュモラーの状況認識なのでした。

　そこで、この状況に対処しうるものとしてシュモラーが追求していたのが、「倫理的科学」と性格づけられる形の国民経済学です。これによりシュモラーは国民経済学において「正義」を語ることが可能になると考えたのです。ヴェーバーはこのようなシュモラーの「倫理的科学」を第一の論争相手と意識しながら、自らの理解社会学に歩みを進めることになります。シュモラーとヴェーバーとのその論争は、事実がどうであるかを確定する経験的な事実認識と何に価値があるかを認める価値判断という二つの種類の認識の関係を問う「価値判断論争」として有名になるのですが、ヴェーバー自身の学問の歩みとして見るとき、むしろそれの理解的方法との関わりが重要です。

シュモラーが国民経済学において正義を語るといっても、それはよく誤解されるような事実認識と価値判断との単純で独断的な混同というのとは少し違っていて、彼自身が議論の支えにしたのは、当時進展を見せていた科学としての心理学の知見でした。それはこうです。「われわれが人間を知る限り、（快・不快など）低次の感情と並んで、理知的な、審美的な、道徳的な感情といった高次の感情が存在し、これらの感情が生活に理想的な目標点を与えているということを承認しなければならない[3]」。しかも、社会倫理的共同体を形成する人間にとってこれらの感情は、単に個人的な感情のカオスにとどまるのではなく、大量現象となって支配的な価値基準を生み、そこに正義への要求も生まれ、またこの観点から社会倫理や法も形成されて、それが制度となり進歩を遂げて歴史となる。シュモラーは、当時の心理学の「科学的知見」に支えられたそんな認識から、「正義の理念は、必然的な心理過程から発生し、国民経済的な生活にも必然的に影響を与える」と見ます。であればこそわれわれは、「社会倫理および法の裡《うち》に、国民経済を支配する現存の制度の裡に、正義をめぐる幾千年にわたる闘争の沈澱《ちんでん》を認める」ことが出来るのであり、それは経験的認識と議論の対象になるのだというのです[4]。

†心理学ではなく理解へ

ヴェーバーは、このようなシュモラーの議論を「倫理的進化論と歴史的相対主義の結合」と見ています（『客観性』I-7: 145/WL: 148/28）。確かに、そこでいかに「偉大な社会倫理的理念」が語られようとも、それは他方でつねに倫理的進歩の過程として捉えられるわけですから、歴史の中で不断に相対化されていくことは明らかでしょう。それゆえ、この議論を仮に受け入れたとしても、それによってどこかの時点で倫理の理想が最終的に確定するということはないはずなのです。ここでヴェーバーは、心理学に託して語られるシュモラーの「倫理的科学」への思いを切断します。

しかもヴェーバーから見てさらに問題だったのは、人間行動の経験的観察から心理メカニズムの一般的命題を構成し、心理現象をその図式にあてはめて説明するという当時の科学的心理学に通例の説明方式が、歴史的に与えられた対象の個性的認識という肝心の課題にとって格別な意義をもつとは認めがたいという点でした。ヴェーバーはこう問いかけています。そのような心理学の議論が「概念とか、厳格に法則として妥当する規則とかの壮大な一覧表」を作り上げたと仮定しても、そうした成果は、「歴史的に与えられた文化世界の認識にとって、あるいはそうした文化世界から選び取られたなんらかの個別現象――

例えば、すでに成立していて、一定の文化意義をもっている資本主義――の認識にとってなんの意味があるだろうか?」（『客観性』I-7: 180/WL: 174/80）と。

ここはとても重要な分岐点なので、『客観性』の記述にしっかり即して丁寧に理解したいところです。

日常的な人びとの行動についてだけでなく、例えばなにか特別な政治行動とか、特定の宗教活動などの特殊事例についてさえ、それを説明するのになんらかの内面的な心理メカニズムの知見をもって当たるということがありますね。その場合に、フロイトやその流れにつらなる潮流も実はそうなのですが、特に科学的な心理学の立場からの説明は、対象を「事例」あるいは「症例」と捉えて、それを「代償行為」であるとか「防衛機制」であるとか認定するというように、一般化された概念に当の「事例」を包摂する仕方でなされるというのが基本でしょう。

そのように科学的心理学は、治療的関心から対象（症例）の一般化や類型化に指向しており、特定の人びとの具体的な行動について、他とは異なる当のものの独自な個性を問う歴史的認識とは認識関心が違うのだ、というのがヴェーバーの考えです。だから、後者の場合には心理学の適用には限界があって、むしろ、当の人びとの主張や信仰や思想という内面に立ち入り、「なぜそうしているのか」という本人において現に働いている動機を内在的に問う考察が特別に必要となる。資本主義の作動方式を一般的に説明しようというのではなく、その資本主義が具体的な人間に現にどういう意味で作用しているのかという人間の内面に向けられた問いであるのなら（これが問題なのでした！）、歴史的認識としてそういう個性への問いでなければならないというわけです。

> 社会的関係の中にある人間の心的態度において、われわれの関心を惹くのは、いずれの場合でも、問題となる関係の特定の文化意義に応じて、まさにそのつど特定のものに限定されている。その際に問題となるのは、相互にきわめて異質で、きわめて具体的に組み合わされた心的動機と影響とである。（『客観性』I-7: 201/WL: 189/109）

この「具体的に組み合わされた心的動機と影響」に関心を寄せるなら、それは、シュモラーの考えるような心理学の一般的知見をもってではなく、まさに当の具体的な行為に即した動機の内的な理解によってこそアプローチされねばならない。この考え方に至ってヴェーバーは、「社会的行為を解明しつつ理解し、それによりその経過と働きについて因果的に説明しようとする学問」と定義される理解社会学への道にいよいよ一歩あゆみを進めることになったのでした。ここで彼は、シュモラーとも共存していた既存の学問圏から離陸します。

するとここから、その独自な理解的方法への道はどのように切り開かれていくのでしょうか。いよいよわたしたちも、そこに立ち入っていきたいと思います。

2 なぜ理解を方法とするのか——二つの流出論批判の意味

†旧歴史学派のスミス批判

人間の具体的な行為の心的動機に着目し、それに心理学によってではなく動機理解によって接近しようという、理解社会学のこの初発の方法意識を捉えてみると、実はそれもヴェーバーにまったくオリジナルというわけではなくて、彼がさらに深く歴史学派の学問伝統に結びついて出発した事実が見えてきます。この点でヴェーバーは、歴史学派国民経済学では第二世代に属するシュモラーをさらに越えて、旧歴史学派と称された第一世代のヴィルヘルム・ロッシャーやカール・クニースにつながっているということです。そうであればこそ、理解社会学創建に向かうヴェーバー自身の学問方法論的な探求も、まずはその人びとの所説の批判的検討からはじめなければなりませんでした。

なかでもクニースについては、ヴェーバーが大学生だったときにその講義を実際に受講しており、また当のその時期（一八八三年）に方法論上の主著である『歴史的立場に立つ政治経済学』の改訂第二版が刊行されていて、ヴェーバーはこの著書から国民経済学の基礎概念の多くを学んでいます。(5)しかも、ヴェーバー自身の学部での主専攻は法律学でしたが、学位論文は中世商事会社の歴史に、教授資格請求論文はローマ農業史に関わるもので、これにより培われた歴史や経済への関心と素養が、理解社会学に出発するヴェーバーの学問的基盤になったと言っても過言ではありません。するとヴェーバーは、この歴史学派第一世代から何を学び、それをいかに批判しているのでしょうか。

そこでまずクニースに目を向けると、確かにそこには歴史学派と理解社会学とをつなぐと認められる学問の形が見えてきます。論文「ロッシャーとクニース　歴史的国民経済学の論理的諸問題」（一九〇三―〇六年、以下では『ロッシャーとクニース』と略す）でも特に言及されていることですが（『ロッシャーとクニース』I-7: 247/WL: 44/95）、クニースは八三年のこの著作で、歴史学派の立場から政治経済学の課題を示すために、科学を「自然の科学」と「精神の科学」とに大きく分類した上で、それとは別の第三のグループとして「歴史科学（geschichtliche Wissenschaften）」という学問の形を提示し、ここにそれを位置づけています。

すなわち、化学など「自然の科学」は「感覚的に知覚できる物的素材からなる外面‐世界」を対象にし、哲学など「精神の科学」は「人間の表象をもって思考された内面－世界」を対象にすると、まず区分されます。そしてこれに対して、「歴史科学」は「人間の行為や活動」を対象にしていて、外界に現れて知覚できる行為・活動の過程や状態を問題にしながら、この外的現象の原因探求においては、そこに「心理的に動機づけられた連関」のあることを認めて、「人間の内面の精神領域」に入り込むことになるというのです。[6]
クニースはここで、「戦争」「反乱」「市場」「民族代表者の集会」「連帯した手工業者」、また、社会生活に現れた「支配と従属」「幸福と不幸」「自由と不自由」「秩序と荒廃」などといった事象例をつぎつぎと挙げ、これらの事態が感覚的に知覚できる外界の社会現象として生起したときに、当事者の内面にある「人間の精神生活」に立ち入ることなしにその意義を把握することなど出来ないと主張します。これを問うのが「歴史科学」であり、そうであればこそそれは「人間の学問」なのだと考えられたのです。

カール・クニース

　クニースの提示するこの「歴史科学」という学問の形が、社会的行為の動機理解に志向するヴェーバーの理解社会学を予感させるような、近接した方法意識に立っていたことは明らかでしょう。これを学生時代に学んでいるヴェーバーは、まずはそれにより理解社会学に向かう志向を懐胎したと見ることもできて、この意味でもヴェーバーはまさに歴史学派の「門弟」なのでした。しかもそう考えると、「心理的に動機づけられた連関」に注目するこの学問の系譜が、どんな学問に対抗するものとして提唱されていたかが明らかになり、その意味もより明確になってきます。というのもクニースはここで、既存の経済理論が「絶対的」なものとする二つの前提として「私有財産の権利」と「利己心」を指摘し、特に後者を「アダム・スミスのドグマ」と名づけてこれとの対抗を強く語っているからです。

この「利己心というドグマ」が指しているのは、いわゆるホモ・エコノミクスという理論仮設のことです。アダム・スミスを始祖とする古典派経済学を始めとして、理論経済学は一般に、「自己利益の最大化」を一貫して求める「経済主体＝ホモ・エコノミクス」を理論上の前提に据えて精緻な理論構築を図ってきました。この経済学上の原点に、クニースは異議申し立てをしているわけです。クニースから見るとそんな仮設は、経済行為の動機をすべて「利己心」に切り詰めることで、「人間の歴史、心理、倫理の規定性」についての問いを、言い換えると「人間の精神生活」への豊かな問いをその出発点において抹消してしまう所業に他ならない。理論的にはそれこそが、「歴史科学」を標榜《ひょうぼう》する学問が真っ向から挑戦すべき第一の論敵と見なされていたのでした。

†「決定的なのは人間の立場である」

クニースのこのようなスミスと古典派経済学に対する挑戦を、若きヴェーバーはその門弟としてしっかり引き継いでいます。ヴェーバーは、一八九七年にフライブルク大学からハイデルベルク大学に移りそこで「一般国民経済学講義」を開講しますが、その要綱（一八九八年版）によれば、講義は「経済学の抽象理論の前提」をまず取り上げ、その詳細な批判的検討から始められるのです（MWGA III-1: 122-5)。そしてその要点は、そうした抽象理論が、もっぱら物的欲求を指向する「特殊経済的な動機」以外の動機を無視し、また他方では「経済状況に関する完全知」を仮定するなど、「現実にはありえない人間」に即して議論しているという批判でした。

このようにクニースの問題意識を受けとめたヴェーバーは、しかしだからといってそうした抽象理論を単純に棄却してしまうのではなく、まずはこの国民経済学という枠内で、それを「数学的理想形象（Idealfigur）のアナロジー」と性格づけ、そのように限定的に理解する限りで理論的には有用なものとして議論を進めていきます。しかもそこでは、「主観的に感じ」られる「効用」「有用性」「欲求」を丁寧に区別して「財」の意味をしっかり腑分けするなど、抽象理論により後景に退けられていた諸価値への多様な主観的動機づけをあくまで視野に入れるべく理論作業が進められています。ここには、後に理解社会学の学問方法において重要な意義をもつことになる「理念型（Idealtypus）」という概念の萌芽が、すでに芽吹いていると認めてもよいでしょう。この「理念型」については後述します。

ともあれ、ここで強調されているのは「決定的なのは人間の立場だ」（MWGA III-1: 125）ということです。この観点から抽象理論の一面性をしっかり認識し、それに限定した位置づけを与えることをもって、ヴェーバーは古典派経済学に対するクニースの批判をまずはこの国民経済学の場で引き継ぎ、理論的系譜としてはここから行為の動機理解を方法の基底に置く理解社会学に続く道を切り開いていたのでした。もっともそこで「理解」という方法を独自な社会学の軸にまで精錬するには、師であるクニースらに対する批判が不可避となってきます。

†旧歴史学派批判の二つの課題

かくて、ヴェーバーが理解社会学創建に向けて最初に着手した方法論論文である『ロッシャーとクニース』が、いよいよ問題になります。難解で「溜息の出るような論文」、妻マリアンネが書いた伝記でそのように評されたこの作品は、一九〇三年から〇六年にわたり断続的に雑誌発表されたなお未完成の作物で、その論脈も多岐にわたって複雑に見え、これまでヴェーバー研究において大きな難所のひとつとなってきました。ですから、ヴェーバーへの入門の通路にこれを置くのは高すぎるハードルのように思われ、少し尻込みされる方もいらっしゃるかもしれません。しかしわたしたちがこれまで見てきたように、その論考を、「歴史学派の門弟」として学問を始めたヴェーバーがその先達を乗り越えて理解社会学へと歩み出していくプロセスの所産として捉えるなら、それが「難所」になった理由もよく理解できて、その論旨も案外分かりやすくなるとわたしは考えています。それでもここは学問方法論ですからちょっと理屈っぽい話にはなりますが、これを越えれば俄《が》然《ぜん》見通しが広がりますから、少し頑張ってともに考えてみていただきたいと思います。

実際のところこの論考は、理解社会学の対象と方法とを確定するのに不可欠な最基部の基礎作業になっていて、ヴェーバーはここで、一方では歴史学派第一世代に属するロッシャーやクニースの歴史認識・人間認識を徹底して批判しつつ、他方では、それを乗り越える学問方法を確立するために、そもそも動機理解はどうして可能なのかという認識論上の超難問に立ち向かっています。ここでは、レベルがやや異なるこれら二つの課題を同時並行的に論じているわけで、その両者が複雑に絡むため、かなり曲折した思考が生まれたというわけです。

そうであれば、この論考を分かりやすく読解するためには、まずは絡み合う二つの課題についての考察をしっかり切り分けて、それぞれについてそれなりの見通しを得ながら全体を捉えるのがいいでしょう。本書では、そんな観点からアプローチして、ここでのヴェーバーの主張をできる限り整理して解説してみようと思います。なお、この『ロッシャーとクニース』については拙著『マックス・ウェーバーと現代』（初版一九八三年、三一書房。増補版、二〇一三年、青弓社）でより詳細に論じていますから、もっと細部に立ち入って考えたい方はそちらも参照してくだされば理解は深まると思います。

†二つの流出論への批判

そこで、まずロッシャーとクニースの歴史認識・人間認識に対する批判という課題からですが、ここでヴェーバーは、それを二つの流出論に対する批判として論じています。「流出論（Emanatismus）」というのは、あらゆる現象が何かの実体から流れ出るように生起すると説明する議論で、ヘーゲルの歴史哲学がそのような議論の典型とされています。すなわちヘーゲルが、「世界精神」なる形而上学的実体を想定し、世界史の全過程をこの世界精神の自己外化・自己実現の過程として語るとき、この歴史哲学は流出論の典型となるわけです。

ロッシャーの議論は、現実の世界史を「世界精神」の発現として語るこのヘーゲルほどには、流出論の徹底した完成態になっているわけではありません。しかし彼は、歴史を問う学問として歴史的個性の記述をめざそうとする歴史主義一般の思想傾向の中にありながら、それでも法則的なものを重視する立場に立っていて、「「民族の性格」という形而上学的統一体」の存在を想定して、それにより諸民族の個性の法則的発展を語ろうとします。また、その歴史的因果的説明においては、この統一体と外部との相互規定という循環論法に陥り、そこでも「全体的宇宙の有機体的生命」という実体の仮定にまで行き着いてしまうことで、結局は繰り返し流出論の論法に引き込まれているとヴェーバーは認定するのです（『ロッシャーとクニース』I-7: 54/WL: 10/24; I-7: 91/WL: 34/71）。

またクニースの議論については、歴史の一回限りの個性をより強く重視するクニースが「人間の精神生活」に立ち入るまさにそのときに、人間を「ひとつの有機的存在」である統一体と捉え、あらゆる行為を「人格性」と呼ばれるこの実体からの流出と考える点で、これもまたひとつの流出論（人間学的流出論）になるのだとヴェーバーは言います（『ロッシャーとクニース』I-7: 369/WL: 138/282）。確かにクニースは、社会的行為の動機理解という問題に近づきながら、人間を利己心に一元的に抽象化するスミスを批判するに当たって諸国民の「国民的性格」の実質的な相違を持ち出し、その「国民的人間の経済的質」からそれぞれに異なった経済行為を説明しようとします[7]。そのような「国民性」なるものの実体化

ヴィルヘルム・ロッシャー

を、ヴェーバーは批判しているわけです。この批判に至るヴェーバーの認識には実は曲折があって、その点は後段でまた論じたいと思いますが、ともあれこのクニースの流出論批判が理解社会学に道をひらく方法論的探求の出発点にあることが重要です。

要するにヴェーバーの見るところ、ロッシャーは民族などの集合概念を実体化してヘーゲル流観念論の流出論に接近し、クニースは個人の人格性を実体化して「人間学的な装いをもった神秘主義」にまで行き着いている。これでは、ホモ・エコノミクスを学問の前提とする古典派経済学を批判して豊かな「人間の精神生活」に視野を開き、せっかくそこから行為の多様な動機づけについて考えはじめたはずの歴史学派の先達たちもまた、実はまだ本当の意味で一面的な人間観・歴史観から抜け出ていないと言えるわけです。だからこそ理解社会学へと続く道を進むためには、まずはそれを乗り越える必要があったのでした。

†自然主義的一元論に抗して

『ロッシャーとクニース』（一九〇三―〇六年）におけるこのような流出論批判の意味をし

っかり理解すると、それが『客観性』（一九〇四年）では「自然主義的一元論」への批判という、さらに広い視野からの議論として展開されていることが分かります。ここでヴェーバーは、自らが構想する学問をまず「文化科学」と性格づけ、それが社会現象や文化事象を「経済によって制約され」また「経済を制約する」という、いわば相互作用の観点から分析するものであるとしつつ、その学問の基本枠組みを「唯物史観」を始めとする自然主義的な一元論の性格をもつ諸説と対決させる仕方で説明しているのです（『客観性』I-7: 165-74/WL: 164-70/61-73)。

「唯物史観」というのは、カール・マルクスが『共産党宣言』などで古典的に提示したような歴史認識の方式で、経済的な生産諸関係の変化が土台となってその上部構造である人間の意識形態や文化諸形象の発展を規定していくと考える人間と歴史の見方を指しています。ここでは、経済的「動力」こそ歴史の「真なる」動因であり、いかなる社会・文化現象についても、この「動力」に生成や変容の原因を帰せられればそれでその説明は完了すると考えられているのですが、それは一元論の見方であり、経済を源泉とみるひとつの流出論なのだと言ってよいでしょう。マルクスを始祖としつつイデオロギーとなった「唯物史観」は、このような流出論としてヘーゲル歴史哲学の系譜の中にあり、それがヴェーバー理解社会学が対決する学問の基本形と見なされているわけです。

しかも『客観性』でヴェーバーは、この「唯物史観」に見られる一元論の傾向が決して当の「唯物史観」だけに限られるのではなく、同時代の「文献学から生物学に至るほとんどすべての科学」に蔓延《まんえん》していると強調します。ここではその例として同時代の人類学や人種生物学などを取り上げ、それらの学問では先天的な「人種的特質」とか「民族性」とかが無批判に実体化されて、その「「自然科学的」基礎」の上に独自な社会理論を語ろうとする企てさえ現れていると言うのです。この時代は、まずは科学の場で語られた自然主義的一元論がそのような人種主義の形を明確に取り始めていた時期であり、ヴェーバーはそれをしっかり察知して強く警鐘を鳴らし、それがまずは学問において「徐々に克服されることが望ましい」と立場表明していたのでした（『客観性』I-7: 170/WL: 167-8/67）。行為の多様な動機づけの理解に志向するヴェーバーの新しい学問＝理解社会学は、一元化された思考から人種主義にも進むそんな同時代の思想・学問状況に対抗するものとして構想されていたということです。

その後の歴史を知るわたしたちは、ヴェーバー死後のドイツで人種主義としての反ユダヤ主義が広汎な人びとを捉えて台頭し、それが一九三〇年代にはナチス政権の成立にまで進んだという史実を想起することができます。そこで、そんなドイツの歴史とヴェーバー思想との関係も気になってくるわけですが、そのときはすでに亡くなっている人間ヴェーバーバーを当の歴史の文脈に蘇生させてどう行動したかを想像してみようとしても、結局は多様な可能性が思い浮かぶだけで、確実な結論の定まらない試みとなってしまうでしょう。

これに対して、彼が構想していた学問の形は現に残されていて、それがそんな人種主義の時代の前夜に始動していたという重大な事実があり、そしてまさにそのときに彼自身が抱いていた問題関心、人種主義につながる一元論を明示的に批判したその問題関心の切実な時代的意味を、この学問自体に問うことはできるのです。理解社会学という学問を焦点に据える本書のチャレンジの意味の一つはまさにそこにあり、わたしたちはそこからしっかり学びたいと思います。この点については、後段でまた立ち返りましょう。

さて、このように読解を進めてくると、『ロッシャーとクニース』における二つの流出論への批判は、確かに既存の社会理論・人間理解を広く視野に入れて問題化し、その歴史的・精神的前提から離陸してオリジナルな学問＝理解社会学の創設に向かう、とびきり重要な基点になっていると分かります。そうであれば、その問いはやはりつぎには自らに立ち返り、そうした新しい学問の理論的根拠、とりわけその方法の核となる〈理解〉についての認識論上の基礎づけが問われることになるでしょう。かくて議論は、この論考のもう一つの課題につながっていきます。すなわち、動機理解はどうして可能なのか、という問題です。

3　理解はどうして可能なのか――解明的理解への道を開く

†理解とは何でないか

ここで論じられる行為動機の理解可能性という問題は、それを「他者理解」とか「他我問題」とか言い換えてみると、哲学上の超難問にまっすぐ結びついていることがよく分かる事柄です。なるほど、それぞれ「独立の自我をもつ人格」として並存していると見える人間が、各自の「内面」であるはずの「心」の中に相互に入り込んで、それを理解し合うことができるのか、この意味で「他者理解」は可能なのかと問いを立ててみると、それは確かに難しいと考え込まされる問題であるに違いありません。このような難問を含んだ「理解」という方法の問題は、同時代にはシュライエルマッハーやディルタイなどの名とともに進展した精神科学としての「解釈学」の系譜において取り組まれたものでもありましたが、ヴェーバーにおける「理解」の議論は、その流れにつながるよりはむしろこの哲学的な認識論に触れつつ展開されていきます。

ここでヴェーバーは、まずはゴットルやリップスという論者に触れながら、「他者理解」というとよく持ち出される「推論」とか「感情移入」とかの仕方での接近方法に即してその困難を検討しています。「推論」というのは、対象となる人物の「内面」を外側に現れた行為の連鎖から論理的な筋道を立てて推し量ることで、その「内面」の感情に直接的に関与するわけではないけれど、人間が理性的な存在としてなにがしかは理性に基づき行動していると想定される限りで、説明図式として有用に思える仕方です。また「感情移入」というのは、対象となる人物の「怒り」や「悲しみ」あるいは「喜び」などの表情や表現に接したときにそれに誘発される感情作動で、「推論」とは異なって論理的な筋道を追えるわけではないけれど、対象となる人物の感情に直接に関与したと感じることのできる仕方です。これらはいずれも、学問方法である以前に日常生活の中で、他者への関与の仕方として普通に発動されている理解の形であると認められるものでしょう。

とはいえ厳密に考えると、「推論」も「感情移入」も、いずれも実はもっぱら観察者の側の思考や感情の作動なのであって、それは対象である人物の「内面」自体をそのまま写し取っているというわけではありません。だから、この仕方による他者への関与ではせいぜい理解の仮説をもたらすことはできても、それによって他者理解が可能とまで言うことはできない、というのがヴェーバーの考えです（『ロッシャーとクニース』I-7: 316-23/WL: 98-102/199-205, I-7: 328-32/WL: 106-9/217-23）。

†体験することと理解すること

しかしそのように議論を推し進めていくと、ここでそもそも「他者理解」という課題が孕《はら》んでいる原理的な困難に突き当たって、それがどうしても越えられないのだと思えてくるでしょう。というのも常識的には、人間は皆一人ひとりが「自我」として統一され、当人にとってのみ確実な固有の「体験世界」を生きていると考えられていて、他の誰も当人に代わってそれを生きることなどできないわけですから、他者がその内面の理解を望んでも、観察者の立場では当人の体験を「自分の体験」あるいは「追体験」にまでもたらすことなどできない、と思われるからです。これに対してヴェーバーは、〈体験すること〉と〈理解すること〉の違いを掘り下げて考察し応答しています。

誰も他者その人を生きることはできないのだから、他者の体験そのものを代わって自分の体験にすることはできない、というのはその通りだとヴェーバーも考えます。しかし、その当の他者自身においてさえ、その体験を対象的に捉えるためには、すなわち自分の体験を「体験」として判断の「客体」にするためには、「概念」と結びつけて客観化するという論理的操作を経なければならない。この事実が、他者理解可能性の基点にもなります。つまり、そのようにして「客体」とされた「体験されたこと」であるなら、自分のであれ他人のであれ、同様な概念化を通じてその意味を確認し、動機の複合の要因として因果的な行為連関の中に捉えて、それについての判断の妥当性を問うこともできる、この意味で「解明すること（Deutung）」はできると考えられるのです。ヴェーバーは、このような意味で、「解明を通じた理解」は可能であると考えます（『ロッシャーとクニース』I-7: 277 ff./WL: 67 ff./138 以下）。

これを少し砕いて具体的に説明すると、つぎのようなことでしょうか。例えば「痛み」などというごく個人的な体験についてさえ、突然生起した得体の知れない不快感が「胃のあたりがキリキリ痛い」として捉えられるようになると、内科の医者にかかるという行為の動機となることがありますね。それに対して医者は、患者の「胃のあたりのキリキリとした痛み」という訴えを受けて病状を診断して理解し、当の患者本人よりもむしろ的確にその痛みの発生部位や深刻さや推移について判断しつつ、それに対応する処置を施し、またそれを患者に伝えます。すると患者は、その医者からの教示によって、自分自身の痛みを以前よりずっと正確に理解し認知するようになる（「胃の痛みと感じたのは、実は食道の痛み［疾患］だったんだ」とか）、というようにプロセスは進むでしょう。このようにまさに「個人的な体験」の極とも言える「痛み」というケースにおいてさえ、自分の体験が「体験されたこと」として対象的な客体となり、体験と動機と行為の因果連関に組み込まれる場合には、概念化を通じて解明されて、それにより自らにも他者にもより一層理解可能な対象になっていくということです。

†歴史の心的性格と理解の循環

この見方の下では、「理解」ということの意味も基本的に変化しています。すなわちここで理解とは、誰かの内面の体験を別の人がそのまま自分の体験とする（他者の痛みを本人に成り代わって痛む）などということではなく、体験と動機と行為の現実連関に内在して作動している「動機」を概念的に捉える営みとして解釈されるのです。この点についてヴェーバーは、おそらくジンメルの著作『歴史哲学の諸問題』(8) から多くを学んだと考えられます。「はじめに」で見たようにジンメルのこの著作は、ヴェーバーが「理解社会学」を初めて表題に掲げた論文の表題注でいちばん最初に（自著よりも先に！）参照指示していた書物でした。ジンメルはここで、歴史とはなにより「心的諸過程の歴史」なのだとの基本的見方に立って、しかも一般には截然《せつぜん》と概念的に区別されてしまう「外界」の現象と人間の「内面」との間に成立する構造的な連関を説いているのです。

このジンメルの議論で特に注目すべきなのは、歴史上の人物が外部に示す個々の「行動」と、その人物を内側から捉える統一的な全体像としての「人格」との間の循環、(Zirkel）についてです。外的な現実としては、諸個人は個々の具体的な行動をもって歴史上に現れ、それら行動の連鎖としてその全体的な人格像（性格）も実際には立ち上がるのだけれど、しかし他方で、個々の行動の意味は、「先行」して捉えられている当の人物の人格像（性格）から生まれたものと見られることで初めて完全に理解し評価されうる。このような関係をジンメルは「根本的な循環に属する」[9]と認定したのでした。

ヴェーバーの理解社会学への道にとって重要であったのは、ジンメルがこの循環を、人間の内面の精神生活に分け入る「理解」の循環としても捉え、その「理解」にさらに明確な分析を加えたことです。すなわちジンメルは同様の観点から、歴史上の人物が外部に示す表現（語られたこと）の理解と、そうした表現をする当の話者（語ったその人）の理解とを区別して、ここにも循環の存在を認めつつ、その循環に内在することで後者の理解も可能になると考えるのです。

ゲオルク・ジンメル

これを先ほどの「痛み」の例で考えると、医者と患者とが対話（循環）を重ねながらその「痛み」を理解していくプロセスを想起すればいいでしょう。すなわち、医者は、患者の「痛い」という訴えを起点にして、その患者の「容態」をさまざまに検査し、まずはその「容態」の確認によって患者の「痛い」という訴えの意味を理解します。しかし、この一回目の「容態」の確認が再面談・診察により患者の「痛い」という訴えの適切な理解でないと判断される場合には、あらためて「容態」の再検査を行うでしょう。このように患者の「痛い」という訴えと、患者の「容態」の確認について、理解は循環しつつ進行して実相に迫るわけです。

これに対してヴェーバーは、確かに後者の「当の話者」の理解こそ「（語りあるいは行為する）人間の動機をその主観に即して「解明すること」」であると認め、この主観に即した解明による動機の理解と、その動機から発した行為（この行為には、ジンメルの言う「語られたこと」だけではなく、行動や表情や所作などが広く含まれます）の客観的な説明による意味理解との間にあるもうひとつの循環に視野を広げた上で、彼もまたこの循環に内在する動機理解なら可能であると考えるようになったと見られます（『ロッシャーとクニース』I-7: 310 ff./WL: 92 f./190 以下。また、『伝記』325/247）。

†人格性という概念の解釈変更——理解社会学の基点

このようにヴェーバーにおける「理解」の作動が捉えられるなら、当人にとってのみ確実な固有の「体験世界」を生きる「自我」、そんな極私的な「自我」を備える「人格」という、ふつうに受け入れられている「人格性」概念への根本的な批判がまた、ここに含まれていると認められるでしょう。すなわち、ここに提示されているのは、人格性なるものが体験と動機と行為の現実連関から超越する何かの実体ではないとする見方であり、この見方は、前段で見たクニースにおける個体概念の実体化（人間学的流出論）への批判と確かに一体的です。このような観点からヴェーバーは人格性を、当の人物を通常はつねに駆動している動機の型として、すなわち「「恒常的動機」の複合体」（『ロッシャーとクニース』I-7: 251/WL: 47/102）として、体験と動機と行為の現実連関におけるその実質的意味から捉えるのでした。

このような個体とその人格性の実体化への批判は、ヴェーバー理解社会学の基点となる認識として、この学問を理解する上できわめて重要と考えなければなりません。これまでヴェーバーの学問と言えば、社会構成体を社会分析の基体とするマルクス主義や社会実在論に立つデュルケム社会学など集合概念を理論の基礎とする社会理論との対比から、個体概念を理論の基礎とするものと理解され、「方法論的個人主義」とまで名指されたりした経緯があります。しかも、この理解に近代的「主体」の「個の自立」を称揚する議論などが接合されて、ヴェーバーを文字通りいわゆる「近代主義者」と見る見解の論拠になったこともありました。

しかしここで見てきたのは、そのような「個人」もまた理論の前提なのではなく、むしろ理解し成り立ちを問う必要のある対象であり、またその問いが可能だということこそが、この学問を成立させる基礎なのだということです。ここでも、集合概念も個体概念も実体化せず、その二つの流出論をともに批判するヴェーバーの観点は一貫していると認められるでしょう。ヴェーバー理解社会学の〈理解〉という問いの射程を最深部まで見通すためには、わたしたちはこの認識の基点をしっかりおさえておかなければなりません。

それでは、その理解的方法は、実際にはどのような仕組みをもって成立するのでしょうか。

4　理解を学問方法にまで鍛える

†大塚久雄の解釈

「はじめに」で、近年のヴェーバー研究がこの学問の理解社会学という基本性格をあまり重視しなくなっているという点に触れましたが、その理解的方法についても、方法論上の抽象論議はともかくそれが実際にどのような手続きで実施されるのかという点になると、残念ながらこれまでのところしっかり理解が進んでいるとは言えません。そんな事情もあって、この方法について今日一般に通用している標準的な解釈は何かと考えると、大塚久雄が一九六〇年代にすでに定式化していた形にまで立ち返らざるをえないのが実情でしょう。そこで、まずはそのあたりから再検討してみることにしましょう。

大塚による理解的方法の解釈は、その概略が「目的論的関連の因果関連への組みかえ」と呼ばれるもので、行為者の主観において目的－手段の関連で意識されていたつながりを原因－結果の関連に組みかえていくことにより、社会過程における客観的な因果関連を逐一たどる仕方なのだとされています。(10) 大塚の説明によれば、「ひとびとが主観的にどういう意味をこめて目的を設定し、手段を選択しつつ行動しているのか、彼らの行為の意味を理解し、いわば追体験することができますと、それを介して、社会現象における因果関連を確実においかけ、また予測することができる」というわけです。「こういう目的があって、このように行動した」と因果関係を説明するというので、なるほどこれなら、それが何をする方法なのかは分かります。

もっとも大塚によるこの解釈は、「理解はどうして可能なのか」という問いを立ててヴェーバーの思考を追跡してきたわたしたちには、ただちに重大な欠落があると気づかざるをえないものです。なぜならここでは、「行為の意味を理解し、いわば追体験することができますと」と大塚自身が言うとおり、行為の主観的目的つまりその意味の理解可能性が問われるのではなく、むしろ前提にされているからです。すなわち大塚は、ヴェーバー自身が粒々辛苦して思想的に取り組んだこの問題を、いわば素通りしてしまっているわけです。

ただし、ここで問題の核心は、大塚のこの解釈が理解的方法の一面だけの理解にすぎないこと、すなわち、理解可能性についての議論の一部欠落ということではありません。前節でジンメルに触れながら見たように、ヴェーバーにおける理解可能性の議論は、行為者の主観に即した動機の理解と動機による行為の説明とが循環することを認め、この循環に内在していく仕方でその理解可能性を開こうとするものでした。それなのに、大塚にはこの理解における循環についての基本的な無理解があり、一番肝心なこの循環に触れずに行為目的の理解が可能であるかのように考えられているのです。これでは、理解可能性そのものをめぐるヴェーバーの議論、その理論的努力の核心が見失われていると言わなければなりません。

するとヴェーバーは、どのような仕方でその循環の中に入り込もうとしたのでしょうか。

†「解明」というカテゴリー

ヴェーバーの理解的方法は、彼自身がその中核を「解明的理解（deutendes Verstehen）」と呼ぶように、「解明（Deutung）」という手続きを軸として構成される研究方法と見ることができます。この「Deutung（ドイトゥンク）」というドイツ語は、実は「ドイツ（Deutsch）」という言葉などと同様に「民族」「民衆」などを指す古い呼称を語源としていて、それが動詞として使われる場合には、「民衆に分かるように説明する」というほどの意味をその根にもっていると考えてよい語です。興味深いのは、ヴェーバー理解社会学の生成とまさに同時期にこの語を表題にしたフロイトの『*Die Traumdeutung*』（一九〇〇年）が現れていることで、Traumが夢ですから、これは日本語では『夢判断』とか『夢解釈』などと翻訳されて広く知られていますね。訳語が違うこともあってフロイトとヴェーバーのこのつながりはあまり意識されませんが、人間の心的現象について「人びとに分かるように説明する」営みを指して「Deutung」と名づけるのは、この時代にヴェーバーだけに特別なことではなかったと認めてよいと思います。

すると、そのように両者の方法の軸がおなじくDeutungと呼ばれていることから、その点で比べると実際の方法手続きの内容上の違いにそれぞれの対象認識の個性が表れて、明瞭な対比が可能であると分かります。

フロイトの「夢（Traum）」についてのDeutungとは、人間の「内面」にある意識と無意識の関係についての彼独特の理解図式に沿ってなされる観察者による「夢の解釈」であって、ヴェーバーは、そのような「精神分析」であるなら実質的には「特別な資質を備えた研究者」だけがなしうる特殊な「感情移入」にとどまり、検証抜きでは「妥当性」も疑わしいと考えます（『ロッシャーとクニース』I-7: 335/WL: 111/233）。しかも、フロイトによるこの意識‐無意識の関係への着目は、やがて「イド」や「超自我」などを組み込んだ「自我」発達の一般理論に進んでおり、このような個体の「自我」に関わる統合理論を一般図式とする解釈が進められる点で、他の科学的心理学と同様フロイトもまた一つの人間学的流出論に、あるいは自然主義的一元論に陥っていると見なければなりません。

これに対してヴェーバーにおける Deutung（解明）は、行為者の主観に即した動機の理解とその動機から発した行為の客観的な説明とに構造的に対応した、「価値分析（Wertana-lyse）」と「因果的解明（kausale Deutung）」という二つの学問的手続きによって構成されており、これらが循環しつつ連関して当の行為の意味理解に寄与する仕組みになっていると理解できます。この解明による理解の方法手続きに関しては、理論的には「文化科学の論理学の領域における批判的研究」（一九〇六年、以下では『批判的研究』と略す）において論じられていますから、ここではその要点を整理して確認し、次章での『プロ倫』における実際の適用例の検討に備えましょう。

†価値分析と歴史的個体

そこでまず価値分析ですが、これを一言で言えば、行為・行為者として歴史に現れる対象がどのような行動原理をもって生きている存在であるのかについて、その行為を導く固有な生活態度や価値観の観点から分析する作業であると言うことができます。ヴェーバーはこれを「価値解釈（Wertinterpretation）」と言い換えたりもしていますが、それは、対象をいわば「静止した状態」で捉え、その精神内容の固有性を構成的に明らかにする作業であるからで、そうであればこそ、これは「もうひとつの「歴史的」な方式、すなわち因果的「解明」の道標」となるのだとされます。ヴェーバーは、ここで行為としての「ゲーテの手紙」や「マルクスの『資本論』」を具体例として挙げつつ、価値分析・解釈によって捉えられ構成されて成立したその像を「歴史的個体」と名づけています。このとき価値分析・解釈は、対象を心理学や社会学などの一般概念（「自我」？「経済思想」？）に包摂するのではなく、対象の個性を、歴史上に「他とは類比しえない独特な個体」として描き出す作業なのだからです（『批判的研究』I-7: 422-47/WL: 245-65/145-76）。

もっとも、このような歴史における固有性という認識であれば、ジンメルが考えたようにもっぱら当人の表現（語られたこと）だけから接近されるのではなく、表現だけではその意味が分からない場合などを含めて、対象が置かれた歴史的条件や表現のコンテクストなどの特性を総合して勘案した歴史的な考察が必要になってくるでしょう。すなわちこれは、対象の生きる文化状況を全体的に視野に入れて、当の文化状況の具体的なコンテクストに生きる歴史的な個性を捉えることであって、この意味では価値分析は歴史的・因果的な考察をもそのうちに含むと考えなければなりません。

†因果的解明と恒常的動機

そこで因果的解明につながるのですが、こちらは、価値分析によって捉えられた歴史的個体を考察の起点に据え、その精神内容の固有性を実際の歴史的場面で行為を駆動する動機と理解して、まずはそこからその由来や結果を尋ねて行為連関の意味をたどる作業であると言うことができます。それゆえこれは、価値分析により歴史的個体として捉えられた対象の個性から生まれる動機を、まずは行為に向かう可能な一つの原因と認めて、それを起点とする行為の意味連関を因果連関と理解してたどる作業となるわけです。この限りで因果的解明は、大塚久雄が言うような「目的論的関連の因果関連への組みかえ」という手続きに近似するものになっています。

それはそうなのですが、しかしこの手続きは実は因果的解明の第一段階にすぎないということに、注意しなければなりません。というのも、価値分析により析出された対象の固有な動機は、この第一段階では、現実の歴史的局面において実際に働いていた動機であるとはまだ確定できない仮説として、考察に取り入れられるものだからです。価値分析により捉えられた歴史的個体の固有性は、通常の場合にはそれが動機として働くと考えられるとしても、歴史的に考察対象となる特定の文脈で実際に働いた動機であるとは必ずしも言えないわけです。

ヴェーバーはそのあたりのことを、普段は冷静な判断力をもって子育てをしているあるドイツの若い母親が、ある日、家事手伝いの女性と諍《いさか》いがあって興奮し、そんな感情のまま子供に対応してその子をたたいてしまったという例を持ち出して説明しています（『批判的研究』I-7: 466-9/WL: 279-82/197-9）。この母親は、この特定の場合にその女性との諍いで興奮していたという特別な事情があって、普段の子育てのポリシーを逸脱する別様な振舞いをしてしまったということです。こうした場合には、前もって第一段階の価値分析により析出されていた「動機」、すなわち通常理解されている普段の子育ての姿勢からは当の行為が十分に説明できなくなりますから、そこからあらためて特別な事情に起因する臨機的な動機や、より深層の動機への探索が開始され、第二段階のさらに立ち入った価値分析が加えられます。それにより当の文脈に即して理解可能な動機や要因（諍いに興奮していたという事実など）が特定され、ここから第二段階の因果的解明が始まるということです。そこまで理解的方法を見通すと、「目的論的関連の因果関連への組みかえ」という説明は一見分かりやすいものでしたが、やはり単純化が過ぎると認められるでしょう。

こうしてヴェーバー理解社会学における「解明的理解」とは、価値分析と因果的解明という二つの手続きが繰り返し積み重ねられ、それらを循環させつつ現実の歴史的局面に即した動機理解に段階的に迫っていく独自な研究方法であると分かります。ヴェーバーは、第一段階の価値分析によって析出された歴史的個体としての対象の動機を、通常の場合はつねに規定的に働いている動機として理解できることから「恒常的動機（konstantes Motiv）」と名づけ、これが通常は対象の「人格」として捉えられるものの実質であると考えています。また、このような形で歴史的個体を構成していく手続きは、ヴェーバーの学問方法の中核にあると広く認められている「理念型（Idealtypus）」構成の一様態であり、また価値分析と因果的解明を接続させるところの動機による説明プロセスには、「客観的可能性判断」という方法手続きが不可欠であるとされています。

＊　＊　＊

さて、ここまでできるだけ簡明にお話ししてきたつもりですが、それでも内容は方法論上の要点の確認でしたから、少し抽象的な話になりました。そこで、この解明的理解という方法が、実際にはどのような学問研究として実行されるのか、それによりどんな問題が問われうるのかをもっと具体的に知るために、まずはヴェーバー自身がこれこそ理解社会学だとして参照指示した最初の作品である『プロテスタンティズムの倫理と資本主義の精神』に立ち入って、この実例に即してその方法の実際を見ていくことにしましょう。

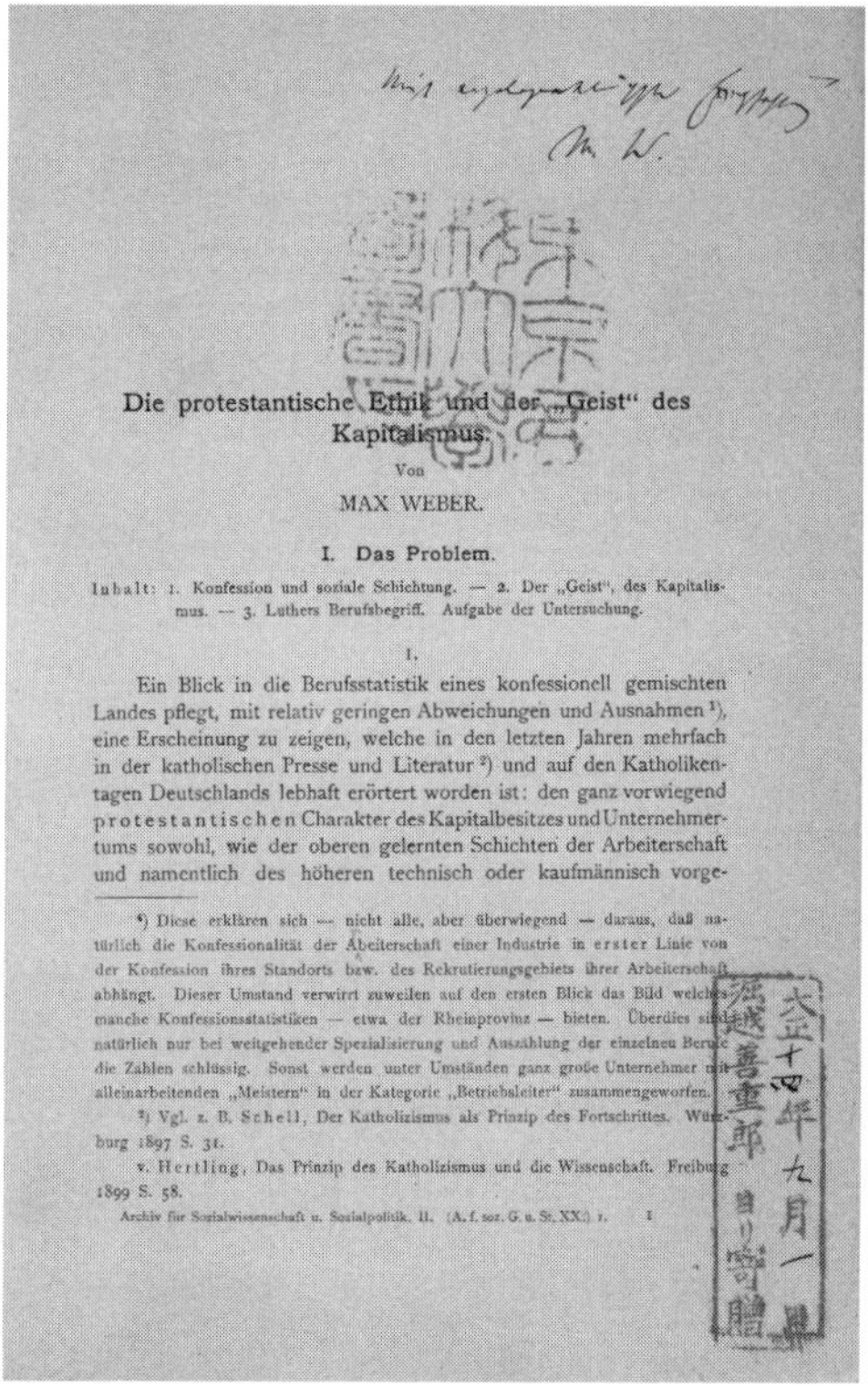

Die protestantische Ethik und der „Geist" des Kapitalismus.

Von

MAX WEBER.

I. Das Problem.

Inhalt: 1. Konfession und soziale Schichtung. — 2. Der „Geist", des Kapitalismus. — 3. Luthers Berufsbegriff. Aufgabe der Untersuchung.

1.

Ein Blick in die Berufsstatistik eines konfessionell gemischten Landes pflegt, mit relativ geringen Abweichungen und Ausnahmen [1]), eine Erscheinung zu zeigen, welche in den letzten Jahren mehrfach in der katholischen Presse und Literatur [2]) und auf den Katholikentagen Deutschlands lebhaft erörtert worden ist: den ganz vorwiegend protestantischen Charakter des Kapitalbesitzes und Unternehmertums sowohl, wie der oberen gelernten Schichten der Arbeiterschaft und namentlich des höheren technisch oder kaufmännisch vorge-

[1]) Diese erklären sich — nicht alle, aber überwiegend — daraus, daß natürlich die Konfessionalität der Abeiterschaft einer Industrie in erster Linie von der Konfession ihres Standorts bzw. des Rekrutierungsgebiets ihrer Arbeiterschaft abhängt. Dieser Umstand verwirrt zuweilen auf den ersten Blick das Bild welches manche Konfessionsstatistiken — etwa der Rheinprovinz — bieten. Überdies sind natürlich nur bei weitgehender Spezialisierung und Auszählung der einzelnen Berufe die Zahlen schlüssig. Sonst werden unter Umständen ganz große Unternehmer mit alleinarbeitenden „Meistern" in der Kategorie „Betriebsleiter" zusammengeworfen.

[2]) Vgl. z. B. Schell, Der Katholizismus als Prinzip des Fortschrittes. Würzburg 1897 S. 31.

v. Hertling, Das Prinzip des Katholizismus und die Wissenschaft. Freiburg 1899 S. 58.

Archiv für Sozialwissenschaft u. Sozialpolitik. II. (A. f. soz. G. u. St. XX.) 1. 1

第２章

理解社会学の最初の実践例

——『プロテスタンティズムの倫理と資本主義の精神』を読む

『プロ倫』初出誌からの抜き刷り。右上に「最高に切なるご挨拶をもって　M.W.」というヴェーバーの献辞がある（一橋大学社会科学古典資料センター蔵、ギールケ文庫。献辞の読み方については野﨑敏郎氏にご教示いただいた）

1　理解社会学の起動

†主題設定の起点

前章でわたしたちは、シュモラーとヴェーバーとの接点に注目し、そこで共有されていた初発の問題が、資本主義の起源への関心よりは、むしろ資本主義という条件の下で育成される人間の特質についてであったことを見てきました。すると、この原問題に最も深く関連する著作であるはずの『プロ倫』において、行為動機の解明的理解という方法を基軸とする理解社会学という学問は、実際にはどのように主題を設定し議論を進めているのでしょうか。

その点を正確に理解する道は、まっとうな著作として当然のことなのですが、これを理解社会学として冒頭から丁寧に読むことで開かれると言うことができます。なかでもしっかり注意したいのは、やはりその第一章第一節の第一パラグラフなのです。このはじめからはじめましょう。

ここでヴェーバーは、まずさまざまな信仰が混在している地方の職業統計に触れて、企業家についても上層熟練労働者層についても技術者や商業従事者についても、そこでの資本主義の担い手たちがいずれも著しく「プロテスタント的色彩」を帯びていると認め、ここから信仰上の所属と資本主義的な経済行為との連関について第一の問いを発しています。このときヴェーバーから見てとびきり重要な点は、プロテスタントへの信仰所属が、経済行為に対する宗教の支配を排除したのではなく、むしろ宗教上のやっかいな規制をもってその支配を専制的に強化したと見られることでした。そこでヴェーバーが発する問いは、つぎのような形になりました。

当時まさに経済的にもっとも発展していた諸国の人びと、その中でもまさに経済的に興隆しつつあった「市民的」中産階級が、彼らにもそれまで知られていなかったようなピューリタニズムの専制支配を、単に受容しただけでなく、その擁護のため彼ら市民階級自身にとってすら空前絶後の英雄的態度を示したのは、いったいどうしてだったのか。(『プロ倫』I-18: 130/RS I: 20-1/18-9)

このように『プロ倫』冒頭に提示された問い、まずはこれが、この著作の主題設定の起点であると認めることができます。

さて、そう認定してみると、『プロ倫』を単なる「資本主義の起源論」などとして読んでいては、そもそも冒頭に置かれたこの問いと著作の行論との関係が理解できなくなると分かります。なぜなら、ここで問われているのは、ピューリタンが資本主義の担い手になったということではなく、むしろ逆で、経済的に興隆しつつあった中産階級がピューリタニズムの専制支配を積極的に受け入れたということだからです。こちらからの問いが起点なのです。

「資本主義の起源論」などという常識的な認定から接近するとちょっと意外に見えるはずのこんな問いの始まりについて、その意味をきちんと理解するためには、やはりこの学問が理解社会学だという基本を想起せねばなりません。この学問が第一に問題にしているのは、「観念」や「社会制度」の系譜学的な起源、あるいはこの意味での「思想史」や「制度史」などではなく、生きて行為する人びとの生活態度、特にそれを導く〈動機〉なのだということです。すなわちここでは、統計から因果関係などが推定されているというわけではなく、「非現世的、禁欲的で信仰に熱心であること」と「資本主義的な営利生活に携わること」という一見相容れないような二つの生活態度が問題として捉えられ、それらが実際に相互促進的に作動しているという関係の事実から問いが起こされているのです。そこで、これら二つの生活態度を導く動機には「内面的な親和関係（eine innere Verwandt-

『プロテスタンティズムの倫理と資本主義の精神』
第1章　問題
　1　信仰と社会層分化
　2　資本主義の「精神」
　3　ルターの職業観念――研究の課題
第2章　禁欲的プロテスタンティズムの職業倫理
　1　世俗内禁欲の宗教的諸基盤
　2　禁欲と資本主義精神

『プロ倫』目次

schaft)」があるとの仮説が生まれ、それはどうしたら理解できるのか、と問いが進められていきます。この起点を読み飛ばさなければ、『プロ倫』における理解社会学の議論の形が見えてくるでしょう。

　このような動機の連関に関わる問いを立て、その理解をめざして考察を進めるなら、そこでの解明的理解の課題にはふたつの面があると認められるはずです。ひとつは、宗教の専制支配を進んで受け入れるような「資本主義的営利」への特別な動機、この特別な資本主義の精神の解明的理解であり、もうひとつは、資本主義的な営利を肯定し推進するような「非現世的、禁欲的な信仰」の特別な動機、この特別な宗教倫理の解明的理解です。そう考えると『プロ倫』における考察は、これらをそれぞれ第一章第二節と第二章第一節で詳細に論じつつ、その両者の関係を問う（第二章第二節）というとてもシンプルな章節構成になっていると分かります。だからこそ、この論文のタイトルは

『プロテスタンティズムの倫理と資本主義の精神』とされているわけです。

ともあれ理解社会学という学問では、まずは基本問題がこのような行為主体の動機理解のレベルに設定されていることに、しっかり留意しなければなりません。かくして、理解社会学が起動します。

†「国民的人間」把握を超えて

ところで、『プロ倫』におけるこのような主題設定の仕方については、経済行為の主体をどのように捉えるかをめぐって、とても重要な理論的転回が背景にあることにここではまず注意しておきたいと思います。

ドイツ歴史学派という系譜においてヴェーバーの先達に当たるクニースの、アダム・スミス批判についてはすでに触れました。それは、古典派経済学におけるホモ・エコノミクスという経済主体の想定が、経済行為の動機をすべて「利己心」に切り詰めることで、「人間の精神生活」への豊かな問いを出発点で抹消してしまっているという批判でした。クニースに限らず、ドイツ歴史学派は一般にこのような観点を共有して、「普遍理論」に解消されない国民経済の個性を重視し、その特別な歴史を語るというのが学派としての基本性格をなしていたと言うことができます。

すると、古典派経済学のホモ・エコノミクスに対して、この学派は経済行為の主体をどのようなものとして概念化していたかと問うと、そこに見えてくるひとつが「国民的人間(nationales Mensch)」という人間把握です。その中心にいたクニースは、歴史学派の立場から各国民経済の歴史の個性を強調する際に、つぎのように主張します。経済事象においては経済活動の指向性や目的などにおいて民族を超えた類同性(Analogie)が認められるのだが、国民経済が展開されるそれぞれの空間(領土‐領域)には自然条件の相違があり、民族史全体の流れや体験にも事実的な相違がある。さらに経済行為の主体である「国民的人間の経済的特質」にも相違があって、これらが国民経済の歴史に多様な帰結をもたらすと言うのです[1]。クニースにとっては、各民族においてそれぞれ独自と見なされたこの「国民的人間の経済的特質」こそ、「自由な個性」として各国民経済の固有性の主体的基礎になると考えられたのです。

そのように考えてみると、前章で見たようなヴェーバーのクニース批判、すなわちその「人間学的流出論」批判が、この経済主体としての「国民的人間」という人間把握を正面から問い、それゆえにこそクニース理論の核心に突き刺さる批判であったことが、あらためて感得できるでしょう。もっとも、ここで経済行為の主体をいかに概念化するかというレベルで問題を考えてみると、「国民的人間」を実体化する流出論の見地が、実はヴェーバー自身にとっても決して他人事ではなかったはずだと分かってきます。というのも、経済行為の主体を国民のレベルで捉えるというのは、「歴史学派の門弟」であるヴェーバーにとって、若き日には他ならぬ彼自身の立場でもあったからなのです。

ヴェーバーのそのような「ナショナリスティック」な学問的見方がもっとも典型的に表現されたのが、「国民国家と経済政策」と名づけられた一八九五年の教授就任講演でした。ここでヴェーバーは、「国民間の生理的・心理的な人種上の相違が生存をめぐる経済闘争に果たす役割」（『国民国家』I-4: 545/PS: 2/39）を論ずることこそが講演の主題であると冒頭で明示し、自らを「経済的ナショナリスト」と規定しつつ、実際に経済活動におけるドイツ人とポーランド人とを対照させて両者の「人種の質」や「経済的知力」などを比較したりしています。このときにヴェーバーは、間違いなく「民族」や「国民」をベースに経済行為の主体を語り、「人種」にも実質的に言及して、この意味で学問的にもドイツ歴史学派などが中心に座っているナショナリスティックな思想圏域に自らの立場を定めていたと認められるのです。

そのように考えられるとすれば、『ロッシャーとクニース』で二つの流出論を文字通り主題として批判し、しかも『プロ倫』では、現世における生活態度の相違について「「民族性」を引き合いに出して語るのは無知を告白すること」（『プロ倫』I-18: 251/RS I: 81/131）

とまで強い言葉で言って峻拒《しゅんきょ》するのは、若き日の自身の立場からの重要な思想的転回を示していると理解しなければならないでしょう。その『プロ倫』で、生活態度を実際に導く動機として、民族性や国民性ではなく、むしろ当人の生活倫理、宗教倫理に注目して解明的理解に取り組むというのは、ヴェーバーが新たに求めた理解社会学の思想的境地を表現するものと言ってよいのです。

思想家であり政治家でもあったヴェーバーにおいて、ナショナリズムという問題は実は一筋縄ではいきません。とりわけさまざまな利害対立が国民国家を単位にして組織されそれが戦争にまで発展する可能性を孕《はら》んだ当時の政治状況下では、政治家としては国家の役割、国家の政策をめぐる政治判断が不断に問われ、流動する局面で具体的な選択を迫られるという場合がつぎつぎとあって、そこでは一般的な形でナショナルな立場に立つ判断を全肯定したり全否定したりするというのは不可能だったと言わざるをえません。であれば、時々の政治的な言動は、実際のコンテクストに即して、個別に現実的に評価されなければならないはずです。本書の課題ではありませんが、ときにナショナルな政治的立場を明示する政治家ヴェーバーについても、もちろんそれは同様に取り扱われるべき事柄でしょう。そのときに応じた政治的言動については、具体的かつ丁寧な批判的検討が必要だと思います。

とはいえ他方で、思想的・学問的には、侵略戦争や帝国主義と植民地主義が問題となるそんな時代だからこそ、ナショナルな観点を根底から相対化し再考できるような大きな思考枠組みが不可欠になるのは間違いありません。この点から見ると、二〇世紀の初頭に登場して流出論と自然主義的一元論を真っ向から批判する理解社会学の学問構成は、すでに民族本質主義の自覚的な批判にまで確かに及んでおり、そんな思考枠組みへの可能性を先駆けて開いたものとしても注目すべきであるとわたしは考えています。

†ヴェーバーの病と人間観の変化

理解社会学の成立の前提にはヴェーバーの思想に重要な転回があったということですが、このことの意味を立ち入って理解するためには、さらに同時期にヴェーバー自身が陥った病のことにも触れておく必要があるでしょう。ヴェーバーは、一八九七年にフライブルク大学から転出し、クニースの後任としてハイデルベルク大学の国民経済学正教授に着任しますが、この年の夏の終わりに突然体調を崩し、それから長い闘病生活に入ります。一八九八年夏学期にはこのため授業も困難になり、一九〇〇年になると大学に退任願を提出せざるをえないほどにまで病状が進んで、研究面でもすっかり停滞し、まとまった仕事の始動は一九〇三年の『ロッシャーとクニース』第一部の発表を待たなければなりませんでし

た。(2)

ヴェーバーのこの病気は神経疾患で、その発症には、一八九七年の初夏に激しい衝突にまで及んだ父との精神的葛藤とそれに続く父の死が背景にあったと言われています。また、その夏のスペイン旅行中に罹患したマラリアが直接の引き金になったということもあるようです。もっとも、ここで注目したいのは、そんな病因あれこれよりは、長い闘病生活においてヴェーバーの胸中に生じたとみられる人間観の変化のことです。

ヴェーバーにつねに寄り添ってその闘病を支えていた妻マリアンネは、義母ヘレーネ・ヴェーバーに宛てた手紙の中で、病と闘うヴェーバーをいちばん苦しめていたことについてつぎのように伝えています。

病床の彼は自分をいちばん苦しめていることについてしばしば口にしましたが、それはいつも同じで、人から金をもらってもさしあたりそれに何もなしえないという「面目ない状態」にあるという心理的圧迫に加え、あなたやわたし、そしてすべての人びとに、職業人

ヘレーネ・ヴェーバー

療養中にイタリア旅行するヴェーバー夫妻

(Berufsmensch) だけしか完全な人間とは見なさないという感覚があるという点です。（『伝記』274/208）

ここには、周囲の人びとだけでなくヴェーバー自身にも当然のこととして共有されていた、生き方についての感覚、その人間観をめぐる葛藤が示されています。自分の仕事をしっかりこなす職業人だけを完全な人間と見なすこの人間観からすれば、それを受け入れていた当の本人が病のため仕事から切り離されて、それゆえ職業人たりえなくなっていたその状況は、それ自体がすでに苦しく、病床の当人をひどく苛《さいな》んでいたということです。

ところが、こうしてヴェーバーを苦境に追い込んだその病気は、それが逃れがたく感じられればこそかえって深刻に彼に迫って、ついには本人を呪縛していた当の問題点についても、ヴェーバー自身の心境に重要な変化をもたらします。『伝記』によれば、ヴェーバーはそんな自分自身の心境の変化を、妻マリアンネへの私信には正直に書き綴っています。

> このような病気には、それでもかなり好ましいところがあるんだ。——例えば僕にとっては、お母さんがいつも僕にはそれが分からないと残念がっていたところ、つまり人生の純粋に人間的な面をこれまで知らなかったほど開いて見せてくれた。……僕の病的な素質は、これまで何年もの間、それが何から自分を守るのかも分からないまま、何かの護符にしがみつくように、学問的な仕事に痙攣《けいれん》で引きつったようにしがみついていたところに顕れていたんだ。いま思い返してみるとそれははっきり分かる。病気であろうと健康であろうと、僕はもうあんな風にならないと思う。（『伝記』249/189）

折原浩は、もう半世紀も前に、病気をきっかけにしたヴェーバーのこのような気づきと心境の変化から、この病が『プロ倫』という著作に彼を駆動する「基礎経験」になっていると指摘していました[3]。確かに、病気という個人的な経験が職業人の生活倫理についての反省を生み、それがヴェーバー自身の人間観の変化・思想的転回につながって、わたしたちが前章で見たような学問方法の総点検・大転換を精神的に下支えしたと考えられるならば、それは新しい理解社会学にとっての〈基礎経験〉であったと認められるでしょう。

「僕はもうあんな風にならないと思う」、病中のヴェーバーが感じたという精神的解放へのこの予感は、自ら解明的理解という学問方法の整備に道を拓いていくことで、理解社会学という新しい学問を創設し主導する実感に変わっていったと考えてよいように思います。

2 「資本主義の精神」の解明的理解——理解社会学の「問題の立て方」

†歴史的個体としての資本主義の精神

さて、目下の問題はその第一作目のモノグラフである『プロ倫』でした。その第一章第二節は「資本主義の「精神」」と題されています（『プロ倫』I-18: 148-208/RS I: 30-62/38-94）。ここでいよいよ「宗教の専制支配」と親和的であるような特別な「資本主義の精神」の解明的理解に向けて考察が開始されるわけですが、その節の冒頭でヴェーバーがまず強調しているのは、「資本主義の精神」という対象が研究上は「歴史的個体」として捉えられねばならないという、歴史的概念構成の特性のことです。「資本主義の精神」という著作全体の主題に関わる実質的な議論が、そのようなちょっとやっかいな方法概念の説明から始まるのは、やはり事柄が理解社会学の方法的核心につながるところだからで、ここもうっかり見過ごさずその意味に注意しておく必要があります。

ここでヴェーバーはまず、「歴史的個体」という概念が、歴史の中で対象の個体的特性が際立つように把握するという認識関心から、歴史的現実の中にある個性的な構成要素を集め漸次的に組み立てていく仕方で構成されるものであって、それゆえ「その確定的な概念的把握は、研究の開始時にではなく、その結末において得なければならない」と強調します（『プロ倫』I-18: 149/RS I: 30/38-9）。だから、研究を始めるに当たって歴史的に説明すべき対象をあらかじめ規定しておこうとする場合には、その概念的な定義からではなく「暫定的な例示」から始めざるをえず、とりわけ「資本主義の精神」のような対象の「理解という目的」のためには、それが不可避だと言うのです。例示が先に来て概念的把握は後に来るという、認識の循環を経ねばならないわけですね。その上でその「例示」としてヴェーバーが持ち出すのが、ベンジャミン・フランクリンの『自伝』にある箴言《しんげん》でした。「資本主義の精神」の解明的理解は、こうしてその典型をフランクリンの言葉に見るところから始まります。

わたしたちは前章で解明的理解という「方法」について検討し、まずはそれが構造的に「循環」をなす点に注意してきました。「歴史的個体」という概念がそんな解明的理解の方法の中核的概念として出てくることもそこで学んでおり、「資本主義の精神」の実際の解明的理解に進む『プロ倫』の叙述のこの冒頭で、その同じ概念が登場し、ここでも研究が構造的な循環をなすと言われているのを見ると、理解的方法についての思考がずっと一貫しているとよく分かります。一九〇四年と一九〇五年にまずは雑誌論文として発表された『プロ倫』には、一九〇六年発表の作品である『批判的研究』で定式化された「価値分析・解釈」や「因果的解明」という研究方法に関わる中心概念が言葉としては出てこないのですが、実質的にはそれらと同じ論理で議論が進められているのは明らかでしょう。ですから、この「資本主義の精神」の解明的理解の論述については、前章で見た解明的理解の方法概念を補助線として意識しながら読解するととても分かりやすくなります。

†エートスへの関心

つまり、資本主義の精神の例として示されたフランクリンの箴言について、ヴェーバーがここで始めているのは価値分析・解釈だということです。すなわちこれは、「その精神内容の独特な固有性を構成的に明らかにする」作業なのです。

フランクリンはこう語ります。

時は金であるということを忘れてはいけない。一日の労働で一〇シリング稼げるのに、外出したり室内で怠けて半日過ごすなら、その娯楽のためにはたとえ六ペンスしか支出していないとしても、それを勘定に入れるだけでは足りない。実はそれに加えて、さらに五シリング支払っているか、むしろ捨てていることになるのである。

信用は金であるということを忘れてはいけない。（『プロ倫』I-18: 151/RS I: 31/40）

ドイツの同時代人たちはこれについて、「ヤンキー主義」などと揶揄《やゆ》しつつ、単なる吝嗇《りんしょく》の処世術あるいは功利的な人生訓と見なしていました。それに対してヴェーバーは、これがどのような価値観に従った生き方なのかを丁寧に読み取るという態度をもって、すなわち価値分析の視角から接近し、ここに一つの「独特な「倫理」」が働いていることを感知し析出します。すなわちこの箴言には、「信用のできる立派な人」という理想が含まれており、「自分の資本を増加させることを自己目的と考えるのが各人の義務だ」とする思想があるということです。そのような道徳的な義務意識が日常生活において行為するときの基底的な動機となっている、と理解したわけです。そこでヴェーバーは、この意味で生活の中につねに働く倫理のことを「エートス（Ethos）」と名づけ、「この特質こそがわれわれの関心を呼び起こす」と強調して、考察の焦点に据えました（『プロ倫』I-18: 155/RS I: 33/44）。

もっとも、この「エートス」という言葉の考察上の地位については、少し注意が必要です。というのも、『プロ論』というこの著作は、一九〇四年と一九〇五年にまずは雑誌論文として発表されたものが初版としてあり、それが一九二〇年に刊行された『宗教社会学論集』第一巻にかなり修正を経て収録されました。この改訂版が翻訳も含めて今日広く流通しているのですが、「エートス」という言葉はこの改訂時に初めて書き加えられたものなのです。であれば「エートス」は、初版時にはその言葉だけでなく考え方自体がまだなかったのではないかという疑問が起こるわけですが、わたしはそうは考えません。生活態度の倫理的側面を問うている論文の内容上の整合性からして、考え方としては初版時にもすでにあったものが、改訂の際に言語表現を与えられたと見るのが妥当だと考えるからです。「エートス」という考え方の出発とその概念化にはタイムラグがあって、そこには、理解社会学という新しく生まれた学問の成長と充実の過程が示されていると認められます。そういうことは他にもあって、それについては後段でまた触れましょう。

ともあれヴェーバーは、まずはフランクリンの箴言の価値分析を通じて、その営利活動への専心が「生活態度を導く倫理的な色彩をもつ格率[4]（Maxime 行為者が主観的にいだく行為の原則）」という性格をもっていると理解し、その点に「資本主義の精神」の精神内容の独特な固有性を認めたのです（『プロ論』I-18: 156-7/RS I: 33-4/45）。それは、一六世紀のアウグスブルクで栄華を誇った大富豪ヤーコプ・フッガーが示したような商人的な冒険心＝野心、つまり道徳とは無関係に当人の個人的な性格から生じる気性などとはおよそ異なったものだ、というのがヴェーバーの理解です。

†職業義務という思想

しかしそれにしても、ここで引用した部分だけでもそう感じられるのですが、フランクリンの箴言には損得勘定という面があって、それはやはり功利主義と言えないか。正直のすすめだってそれが有益だからというなら「偽善」と言われてもしかたない、という疑いが残るでしょう。そこからヴェーバーの価値分析はさらに進められます。

価値に注目する考察のここでヴェーバーが特に関心を寄せているのは、フランクリンの倫理における「最高善」が「一切の自然な享楽を厳しく斥《しりぞ》けてひたすら貨幣の獲得に向かうこと」に置かれている点で、それは、「幸福主義や快楽主義の観点をまったく帯びず、純粋に自己目的」にされていると言います。功利主義などとはまったく異なり、そこでは「営利が人生の目的として課されている」のであって、それは何か物質的な生活の要求を満たすための手段なのではないということです。フランクリンに認められるこのような考えは、人間的な生活を求める普通の感性からみると自然な事態の「無意味な倒錯」とも言えるだろうが、確かにそれこそが「資本主義にとってはまったく明白に無条件のライトモチーフ」なのだ。ヴェーバーはここで、フランクリンの「倫理」の価値分析を通じて、資本主義的営利に従事することの特別な意味をこのように理解したのでした。

このような価値分析によりヴェーバーが析出しているのが、「職業義務（Berufspflicht）」という思想でした。何かの手段としてではなく、それ自体が義務である職業という意識です。日常のドイツ語としては「職業」というほどの意味をもつ「Beruf」なる語が、英語で同義の calling などと同様に「呼ぶ（rufen〔独〕、call〔英〕）」という言葉を語幹とし、神に「召し出される」という意味で「召命」という含意をなにがしかもつことは、ご存知でしょうか。『プロ倫』ではそんな事情が強く意識されていることから、岩波文庫の大塚久雄訳ではこの言葉に「天職」という訳語が当てられたりしています。この語をここまで思い入れて訳すと、特定の職種を当人にとっての定め（「教師はわたしの天職だ」とか）として受け入れるというような別の語感が過重になってしまいますが、少なくともこれがただの「生活手段＝職業」ではなく、神からの使命という宗教的意味を内包することは知っておきたいところです。すなわち「職業義務」という言葉には、それ自体として、資本主義的営利と禁欲的な信仰との「内面的な親和性」が予示されていると言うことができます。

また、前段で『プロ倫』に向かうヴェーバーの執筆動機を考えた際に、彼自身の病という事情に立ち入り、そのヴェーバーをいちばん苦しめた要因として「職業人だけを完全な人間と見なす人間観」に触れました。それを想起すると、執筆動機のひとつとなったその問題がまた、ここに出てきた「職業義務」という思想につながっていると分かります。要するに『プロ倫』という著作は、叙述のこの箇所で、執筆動機を議論の起点となる問題提起へとつなげる思想上の鍵概念を登場させているわけです。

†ゾンバルトとの違い――問題の立て方

また、この「職業義務」という概念は、理解社会学の学問方法という観点から見ても、この『プロ倫』の問題の立て方の特徴をよく示すポイントにもなっています。その点は、これをゾンバルトの「近代資本主義論」と比較してみるとその意味がよく分かります。

ヴェルナー・ゾンバルト

ヴェルナー・ゾンバルトという人物は、前段で触れた社会政策学会においてヴェーバーと同じ第三世代に属する経済学者で、ヴェーバーが編集に参与した『アルヒーフ』でも共同編集者に加わっていて、ヴェーバーと密接な思想的交流をもったことは明らかな人です。とりわけ一九〇二年に公刊された主著のひとつ『近代資本主義』は、『プロ倫』がそれに後続して発表されたとも見えるために、両者はとかく重ねて論じられ、そこにある問題設定そのものの違いが十分には理解されないできたように思います。ところが、フランクリンに即して見たようにヴェーバーは、営利活動への専心を「生活態度を導く倫理的な色彩をもつ格率」とする点に「資本主義の精神」の精神内容の独特な固有性を認めましたが、まさにその箇所に彼は「ゾンバルトとの問題の立て方の違いはここにある」とわざわざ注を付けているのです（『プロ倫』I-18: 156/RS I: 34/45-6）。すなわちヴェーバーから見ると、ゾンバルトとの間には「資本主義の精神」という問題の核心について認識の相違があるのであり、それはヴェーバー理解社会学の問題設定における個性にも関わっていると自認されているのです。

すると、この「問題の立て方の違い」とは、どのようなことなのでしょうか。

ゾンバルトは、ヴェーバーもその功績を指摘するように、資本主義の特性を考えるに当たっていちはやく経済活動をその動機から捉えようとした人物です。すなわち彼は、経済活動の「ライトモチーフ」として「必要充足」と「営利」とを区別し、後者に資本主義という経済活動の特性を捉えます。なんらかの必要を満たすための経済活動ではなく、むしろより多くの貨幣を獲得するという意味での営利を自己目的として、人間の生活の必要を度外視してしまう経済活動、ゾンバルトはここに「資本主義精神」を捉えたわけです。その限りではゾンバルトはヴェーバーと同様、あるいはむしろ先行して、経済活動の動機における価値倒錯を認識し語っていたと言うことができます。

　もっともそこで、そのようなゾンバルトとヴェーバーとの間にいかなる相違があるのかと問うと、これまでは、その精神の担い手が誰であるかについて見解が異なると答えるのが標準的な回答でした。大塚久雄がその代表者なのですが、大塚は「資本主義精神」あるいは「資本家精神」(der kapitalistische Geist) と「資本主義の精神」(der Geist des Kapitalismus) という用語法の違いに着目し、前者の用語系につらなるブレンターノやゾンバルトはその担い手を資本家あるいは経営者だけに見ていて、その人びとを突き動かす貨幣獲得欲の解放が「資本主義精神」となる一方で、労働者はまったく別の精神によって動かされていると見ている、と言います(岩波文庫『プロ倫』訳者解説参照)。このような見方から、資本主義の生成について「ヴェーバーの禁欲説」と「ゾンバルトの解放説」とを図式的に対比させる見解が広がりました。

　そこで、その点を確かめるべく、ヴェーバー自身が参照したゾンバルト『近代資本主義』(初版)で「必要充足」と「営利」という二つの経済活動を規定した当該箇所をあらためて丁寧に読んでみますと、だいぶ違った事態が見えてきます。というのは、そこではゾンバルトはこの二つの異なる経済活動を「経済システム」の稼働原理に即して述べていて、それに携わる資本家と労働者との行為動機をそれぞれ特に区別して論じているわけではないからです。[5] 問題とされているのはその区別ではないのです。

と分かってみると、理解社会学の立場に立つヴェーバーにとって問題だったのは、実はゾンバルトが、そのような経済システムの稼働原理をそのままその担い手の行為動機と同一視し、この経済システムの稼働原理から直に「資本主義精神」を語っていることだと気づかされます。ゾンバルトの問題点をそこに捉えたからこそヴェーバーは、『プロ倫』のゾンバルトの所論に触れた当の箇所で、「組織形態上は「資本主義的」と認められる経済活動」が当事者の動機に即してみると「必要充足の経済活動」に属する場合は多いと指摘し、「経済の「資本主義的」形態とその運営上の精神とは、確かに一般的には「適合的」な関係にあるわけだが、「法則的」な相互依存関係にあるわけではない」と特に注意を促して、この両者の同一視を批判しているのです（『プロ倫』I-18: 184-5/RS I: 48-9/71-2）。

かくて、ゾンバルトに対するヴェーバーの「問題の立て方」の違い、その意味が分かってきます。ヴェーバーの立場から見て重要なのは、経済システムとしての資本主義の組織形態と、経済行為を行う担い手たちの行為動機とが、相対的には独立した変数として問われねばならないということです。それを同一視する一元論が排されているのです。この認識に立ってヴェーバーは、「資本主義の精神」を、営利活動に専心する行為者の「生活態度を導く倫理的な色彩をもつ格率」、すなわち「職業義務」の思想として行為動機レベルで捉え、そこに焦点を据えて「問題を立て」ているわけです。そのように考えてこそ、「問題の立て方」は行為動機の解明的理解に関心を寄せる理解社会学の問いになるということです。

この経済システムの組織形態、後段で見るようにそれは経済だけでなく政治・支配・法・宗教・文化などの諸領域で成立する組織形態と広げて考えることができるわけですが、そうした組織形態とそれに参与する担い手たちの行為動機とが相対的には独立の変数であり、それゆえそれぞれについて独立した問いを発することが可能だし必要でもあるという観点は、ヴェーバー理解社会学という学問の個性を捉える上で大変重要です。前章で理解社会学の方法論を検討する際に「自然主義的一元論」への批判について触れましたが、この『プロ倫』ではそれがゾンバルトへの批判として持ち出され、そこで対置されるべき自らの学問の「問題の立て方」がポジティヴに提示されていると考えることもできます。『プロ倫』の問題の立て方については、例えば近年の入門書を代表する牧野雅彦著『マックス・ウェーバー入門』ですらそうであるように、理解社会学という視点をまったく見失い、むしろ資本主義の精神と組織形態とを一元的に論ずるゾンバルトの議論などに直接つなげてそれを説明するような解釈がなお後を絶たないわけですから、ここではそれらとの根本的な違いをしっかり確認しておかなければなりません。この理解社会学の「問題の立て方」については、後段で理解社会学の概念構成を考える際にあらためて取り上げ、それがこの学問の基礎理論に構造的に組み込まれる仕方をしっかり見届けたいと思います。

†資本主義の組織形態と精神の接合

それでは、資本主義の組織形態と担い手たちの行為動機とが相対的には独立の変数であるというこの観点に立って、具体的にはどのように「問題が立て」られているでしょうか。第一章第二節の末尾に示されたそうした設問への理路を追ってみましょう。

「ともあれそれ自体としては、〔資本主義の組織形態とその精神の〕両者はそれぞれ別々でありうる」（『プロ倫』I-18: 186/RS I: 49/72）、この認識が出発点です。そこからヴェーバーはまず、歴史的にはそれらがどのように結びついたかを問うていきます。フランクリンは、組織形態としては手工業経営と変わらない印刷工場であったのに、すでに資本主義の精神に満たされていた。これに対して、近世初頭の都市貴族は資本主義的企業家でもありえたが、資本主義の精神の担い手だったというわけではない。また、銀行や輸出貿易など大規模な経営は資本主義的企業の形態で組織されるのに、その企業家たちの精神を見ると伝統主義的だったことが少なくない。そこに「変革を引き起こしたのは」、「新しい精神、すなわち「近代資本主義の精神」の侵入だった」。ヴェーバーはこのように展開を捉え、そこでその新しい精神が備えていた「倫理的質」、とりわけ「禁欲的特徴」に注目します。職業への専心を義務だと受けとめたからこそ、その生活態度において従来通りのやり方に従う伝統主義を打破することになったと認められるからです。

「ところが、こうしたことが資本主義以前の人びとには、不可解かつ不可思議であり、不潔で軽蔑すべきものとしか思われない」（『プロ倫』I-18: 194/RS I: 55/81）。営利を自己目的とし、生涯にわたりひたすら財貨を求め続けるなど、彼らには、倒錯した衝動、「呪われた黄金への飢餓」の産物と考えるしか説明の方法がないからです。すると、それにもかかわらず「資本主義の精神」が伸張するのをどう理解すればよいのか。

まず可能に見えるのは、成立した資本主義の組織形態に精神が「適応」したという理解です。確かに資本主義という条件の下では、それに適応しないものは没落するか、でなくとも繁栄はしないと認められるからです。とはいえ、思えばそれは近代資本主義が勝利をおさめた後の現象であって、そうでないときにこの「適応」がまず先行する大量現象として起こったとは考えにくいはずです。なぜなら、貨幣への執着は普通どの時代の道徳感覚にも背反する「恥ずべき」ことであって、それが寛容されることはありえても、宗教や道徳の方から営利への適応が奨励されるというのは、やはり不自然と言わねばならないからです。

すると、その精神は「経済的合理主義」の進展の帰結と理解するべきでしょうか。確かに、近代の市民社会において技術や経済の領域での合理化過程には顕著なものがあり、資本主義精神の担い手たちが財貨の調達において合理化をめざしているのも明らかで、それは「資本主義的私経済の根本的特徴」であると見ることもできます。しかし、生活の合理化はきわめて多様な観点からさまざまな方向になされるものであって、そこには無数の矛盾が包含されています。そもそも職業を義務とすることは、営利活動の合理的推進に向かう基礎ではあるけれど、営利の自己目的化という点では、幸福主義や快楽主義の観点から見るとはなはだ非合理的な生活態度なのです。だから、職業義務の思想を中核とする資本主義の精神の成立は、合理主義の一般的な進展という観点からは決して捉えきれない事態なのだと考えなければなりません。

ここから、独自な問題が立てられることになります。

> そこで、われわれの関心を惹くのは、他のすべてと同様に、この「職業」概念にも存在する、その非合理的要素がどこから来たのか、ということになる。（『プロ倫』I-18: 208/RS I: 62/94）

†資本主義の精神の因果的解明

このように丁寧に見てくれれば、『プロ倫』第一章が、ゾンバルトの議論に直につながるような形での資本主義起源論とはまったく異なり、行為動機に即して「資本主義の精神」の解明的理解に志向する理解社会学に固有な問題の立て方になっていることがよく分かると思います。そして、資本主義の精神の価値分析から析出されたこの「非合理的要素はどこから来たのか」という問いは、その要素の因果的解明という作業の課題であり、これがつづく第二章で、資本主義的な営利と内面的な親和関係にあると見られる特別な宗教倫理の解明的理解（特に価値分析）によって引き受けられることになります。

『プロ倫』の第一章は第三節で、「職業（Beruf）」という概念の認知と一般化に大きな役割を果たしたルター訳聖書の意義について、そしてそれにつながりながら伝統主義を脱することはなかったルター派の信仰について論じられますが、それは『プロ倫』全体の論議の流れからみると補論と位置づけられる箇所なのでここでは論及を省略し、第二章のプロテスタンティズムの倫理に関わる議論にただちに検討を進めていくことにしましょう。

3 「禁欲」の動機理解――プロテスタンティズムの価値分析

†宗教思想の価値分析――着眼点は心理的駆動力

『プロ倫』第二章第一節の考察対象としてその冒頭で示されているのは、カルヴィニズム、敬虔《けいけん》派、メソジスト派、再洗礼派と続く禁欲的プロテスタンティズムの諸派のことです。前章の考察が行き着いた資本主義の精神の因果的解明という課題、すなわちそこで立てられた「歴史的原因として何を宗教改革の影響に帰することが出来るか」という問いを引き受けて（『プロ倫』I-18: 255/RS I: 82/135）、ここから禁欲的プロテスタンティズムの諸派の分析に立ち入っていくのです。これは、「資本主義の精神」の価値分析から生まれた課題（「その非合理的要素はどこから来たのか」）をその因果的解明に接続し、それを「禁欲的プロテスタンティズムの職業倫理」の解明的理解をもって受けとめて、宗教的動機が職業義務の思想につながる動機連関を明らかにするべく、まずはここで宗教思想の価値分析に取り組むということです。

このような禁欲的プロテスタンティズムの価値分析に取り組む際にヴェーバーは、諸派の教義からその分析を始めています。ここには宗教思想に取り組む理解社会学の独自な観点がはっきり示されているので注意が必要です。そもそも、人間の生活態度を考察対象とする著作で、宗教思想のしかもその教義にまで立ち入るというのは、信仰を持たない人にとってはだいぶやっかいですし、他方で神学に精通している人から見ると表面的な考察に感じられてしまうという恐れがあるでしょう。ですからこの教義を分析する考察は、なぜそこまで立ち入る必要があるのかという疑問を起こすかもしれません。

そこでヴェーバーは、そんな疑問に応答するかたちで、宗教が現世の生活を導く道徳に最も深刻な革新をもたらすのは、その宗教の核にあってまさに当の宗教らしい信仰の個性を示す「彼岸＝来世（Jenseits）」についての思想を通じてのことだからと説明しています。そこにこそそれを信仰することの価値の核心があるのであり、それゆえに理解社会学の価値分析は、そうした教義についての考察から出発するというわけです。

そしてここでヴェーバーは、「われわれにとって重要なのは」とわざわざ注意を促して、この考察の着眼点を明示します。

われわれにとって重要なのはもちろん、当時の倫理綱要などで理論的にかつ公式に説かれていたことではなく——それらも教会の訓練、牧会、説教を通して実践的意義をもったことは確かだが——、むしろそれとはまったく別のこと、すなわち、宗教的信仰や宗教生活の実践から生み出されて、個々人の生活態度に方向性を与えそれを保持させるような心理的駆動力（Antriebe）を明らかにすることである。（『プロ倫』I-18: 260-1/RS I: 86/141）

わたしたちは、この第二章第一節で、しかもその第一パラグラフでヴェーバー自身が理解社会学の方法的観点に立って考察の最重要ポイントをこのように明示していることに、しっかり留意しておかなければなりません。ここで留意すべき着眼の中心は、ドイツ語原文ではAntriebという言葉にあります。これは、日本語では「駆り立てる」あるいは「推進する」というほどの意味をもつ動詞antreibenの名詞形で、行為を呼び起こし駆動する力という意味で「駆動力」と訳語が当てられていい語です。その点に留意すると、これは、宗教的信仰が内面から人びとを駆り立て、それが行為としての生活態度の動機となる連関を表現していて、まさに理解社会学の関心の中心に関わる語だと分かるでしょう。それなのに、これまでの『プロ倫』読解ではこの理解社会学の問題意識が十分に踏まえられてきませんでしたから、日本語翻訳でもこの語は「起動力」「推進力」「刺激」、あるいは「原動力」などとさまざまに訳し分けられてしまって、ヴェーバーがその語に込めた理解への関心の一貫性がすっかり見過ごされてきたのでした。

ところが、ここで特別に注意喚起されているこの語の意義に気づいてその後の行論を見通すと、禁欲的プロテスタンティズムの諸派の価値分析が進められるこの第二章第一節の叙述が、節目節目で諸派それぞれの「心理的駆動力」の検証をもってまとめられていることが分かります。読解としては少し先走りますが、まずは「心理的駆動力」の語をたどって当該箇所を確認してみられるといいと思います（岩波文庫では、二〇七、二二五、二二八—二一九、二五一—二五二、二八五、二八六の各ページ。訳語はたったいま触れたものが混在するので注意）。そこに見通しが得られれば、これら諸派について、どのように価値分析されてその心理的駆動力が測られているか、ヴェーバー自身が明示する着眼点に即して行論を追うという第二章第一節の読解方針が自信を持って立てられます。

†予定説――カルヴィニズム

その行論においてまず価値分析の対象となるのが、カルヴィニズムであり、その教義の中心にある「恩恵による選びの教説（＝予定説）」です。ヴェーバーは、ここでもそれを歴史的個体と捉え、その例示として「ウェストミンスター信仰告白」を取り上げて考察を始めています。

「恩恵による選びの教説」というのは、神の全能を絶対に信じ、他方で罪に堕ちた人間のまったくの無力を認める信仰として、宗教改革が到達したひとつの極限形と言ってよい教説です。この信仰では、神はその永遠にして不変の決断によりある人びとを選んで「永遠の生命」に予定し、また他の人びとを「永遠の死滅」に予定して、それぞれの運命に向かわしめると信じられます（それゆえ「二重予定説」とも言われます）。ここで神は、ひたすら被造物に対する神の主権を栄光あらしめるために、聖意のまま恵みを与え、あるいは拒むのであって、罪に堕ちて無力となった人間がそれに関与することなどおよそかなわないとされています。しかもこの信仰が極限形だと言うのは、カトリックなどでは神の恩寵を受ける手段として有効と認められていた秘蹟－聖礼典（洗礼や聖餐《せいさん》など）や、赦《ゆる》しを求める道としてあった告解（懺悔《ざんげ》）などまで、ここではその効力を一切否定されるからで、この徹底した意味で人間は彼岸での再生を求めても無力であるとされるのです。このようにその核心において人間の無力を徹底して認める教義が、それなのにどうして、またどのような生活態度の駆動力となるのか、それがここでの価値分析の課題です。

†脱呪術化と内面的孤独

この課題に対してヴェーバーは、このように「悲愴《ひそう》な非人間性」の色合いをもつ教説がその影響をまともに受けた世代の心情に与えた結果から考察を始め、それが生んだのは「個々人のとてつもない内面的孤独の感情」(『プロ倫』I-18: 278/RS I: 93/156)なのだとまず認定します。ここでヴェーバーが見ているのは、人間の側から神に力を及ぼして恩恵を引き出そうとするあらゆる通路の無効化の帰結です。人間は「永遠の至福」を求めるけれど、この選びの教説によれば、それについて「誰も助けることが出来ない」ということです。牧師も助けることが出来ない、聖礼典も助けることが出来ない、教会も助けることが出来ない、そして神(キリスト)さえも助けることが出来ない。なぜなら、これらはすべて神の予定により選ばれた者のためにのみあるのであって、当の予定そのものを変えるすべはないと認めねばならないからです。このことが、寄る辺なき信仰者たちをぎりぎりの「内面的孤独」に追い込んだというわけです。

宗教改革の先鋭化がもたらしたこのような事態についてヴェーバーは、一九二〇年の『プロ倫』改訂稿では、「脱呪術化(Entzauberung)」の完結と表現するようになります。例えば「雨乞い」や「厄払い」の儀式など、人間が超越的な存在に影響力を及ぼして何かの望みを実現しようとする術を一般に「呪術」と呼びますが、この要素は決して古い時代の迷信と片付ければ済むわけではなく、人間を聖化するとされる「洗礼」や「聖餐」の儀礼などに見られるように今日のキリスト教にもさまざまに残存しているものです。ところが予定の教説では、一切の被造物の神格化を拒否する立場を徹底させて、神に願いが届いて信徒を助けるとみなされてきたそのような人間の「呪術」的な行為の効力を完全に否認するに至ったと認められるのです。この理解により事態は、「古代ユダヤの預言者とともに始まりギリシアの科学的思考とも結びついて進んだ」とされる、呪術を脱皮する「宗教史上の偉大な過程」（『プロ倫』I-18: 280/RS I: 94/157）の終着点に位置づけられることになりました。この過程が「脱呪術化」と名づけられたことで、確かにカルヴィニズムの予定説の意味もいっそう明瞭になったと認めることができるでしょう。

もっとも、解明的理解に志向する理解社会学としてここで重要なのは、その脱呪術化した教説がもたらした信徒たちの内面的孤独の感情が、信仰生活をどのように性格づけていくかという点です。それについてヴェーバーがまず重視しているのは、この信仰が、一面では文化と信仰における「感覚的‐感情的な要素」への絶対否定的立場、原理的な嫌悪の根拠になったことであり、また他面では「幻想をもたず悲観的な色合いを帯びた個人主義」の基盤にもなったことです。このような信仰に刻印された教説の影響が、教説自体はその力を失った後まで、人びとの生活態度と人生観の基本的な現象の内に「神への信頼の最も極端な形の排他性」として残されたと、ヴェーバーは見ているのです（『プロ倫』I-18: 283/RS I: 96/158）。これは、信頼できるのはまさに神しかありえず、神のもとにある「永遠の生命」のためには家族すら顧みないという精神態度です。

またヴェーバーは、脱呪術化を徹底させるカルヴィニズムが十分に発展を遂げた地方では、神に赦しを請う個人的な懺悔の聴聞まで無効として次第に消滅させたので、罪責意識を定期的に「解消」する手段が失われたことが重要と見ています。それによりカルヴィニズムにあっては、「信徒たちと神との交わりは深い内面的孤独の中で行われ」ることになり、しかもそこには宗教的不安が解消されずに残って、それがかえって「倫理的態度を発展させる心理的刺激」になっていると考えられるからです（『プロ倫』I-18: 285/RS I: 97/159）。

†確証への希求とその心理的駆動力

すると、そこに発展する倫理的態度とはどのようなものだったのでしょうか？　ヴェーバーはそれを明らかにするために、選びの教説がもたらす信徒たちの心理状況にさらに踏み込んでいきます。それは、神の選び、その予定を不動のものと認めるときに不可避に生ずる、死後の再生についての不安、「それなら自分は選ばれているのか？」という問いの切実さのことです（『プロ倫』I-18: 298/RS I: 103/172）。

宗教的な練達者であるカルヴァン自身においては、それは問題にならないことでした。なぜなら彼には、自分は神の「武器」であり、自らが救われてあることは疑いようのないことだったからです。しかしその後継者や信徒たちにとっては、予定によって定められていながらそれを知りえないということは、耐えがたい不安をかき立てるものであったに違いありません。そこで、それに対処する方法として牧会などで信徒たちに語られたのは、一つは、「自分は選ばれているのだとあくまで考え、すべての疑惑を悪魔の誘惑として斥けること」を義務と認めようという語りであり、もう一つは、選ばれているとの自己確信を獲得する手段として「絶え間ない職業労働」を説く語りでした。世俗内での職業労働への専心が宗教的不安の解消に適切な手段として説かれたのです（『プロ倫』I-18: 300-4/RS I: 105-6/178-81）。

　ここでヴェーバーは、宗教的達人が自らの救われてあることを確信するときの二つの類型を提示し、それによりカルヴィニズムにおける救いの確信の形を性格づけています。すなわち、自分を神の力の「容器」と感じるか、あるいはその「道具」と感じるかという二つの類型がそれで、前者の場合は神に満たされているという感情の状態を大切にするのに対して、後者の場合は神の栄光を増し加えるためその使命を遂行しているという客観的な働きが神に選ばれた者として大切になるとされます。ヴェーバーの見るところカルヴィニズムは後者の典型で、彼らにとって「善行」は、救いを得るための手段としてはまったく無力なのだけれども、神の道具としてその使命を果たしていることの「しるし」として必要不可欠なものとなるわけです。ここに、カルヴィニズムの信徒を倫理的態度へと向かわせる強力な心理的駆動力が生まれます。

しかも重要な点は、「善行」が選ばれていることの「しるし」であるのなら、断続的でも「善行」の事実さえあればそれでよいわけではなく、むしろ常時それが落ちることのないものとして付着し続けなければならないということです。だから信徒は、「どんなときにも、選ばれているか捨てられているかという、二者択一の前に立つ体系的な自己規律」をもって善行をなし、それにより救いの確信を自ら造り続けなければならないわけです。かくして信徒は、日常的に厳格で規律ある生活態度に導かれることになります。

教義から始められたカルヴィニズムの倫理の価値分析は、動機のつながりを追って、ここでそうした生活態度の形成へと向かう通路を認めるに至りました。それゆえ、まさにこの箇所でヴェーバーは、「われわれは本書の考察にとってきわめて重要な点に到達した」と言います（『プロ倫』I-18: 316/RS I: 111/185）。この重要な確認はとかく見過ごされがちですが、本書で試みているように『プロ倫』を理解社会学の解明的理解という方法に即して丁寧に読んでくれれば、確かにここが倫理を行為へつなぐ動機連関の結節点になっていると理解されると思います。

†世俗内禁欲の方法意識

すると実際には、ここからどのような生活態度が作られていくというのでしょうか。ヴェーバーがまず指摘するのは、体系的な自己規律を課せられた信徒の倫理的実践が、「生活態度全般にわたって一貫した方法（Methode）を形作った」と認められることです。生活のいかなる場面でも安逸に流れることなく一貫した方法で自己を律するということですが、それによりまずは現世の生活が、「地上で神の栄光を増大させるという観点から徹底して合理化され、支配される」ことになったと言われます（『プロ倫』I-18: 323/RS I: 115/197）。

そして、そのように神の使命のため現世の生活が一貫して合理化されるというのは、信徒個人の生活態度という観点から見ると、合理的な禁欲を意味することになります。ヴェーバーはここで、西洋では修道士たちの生活において禁欲が合理的生活態度の体系的に完成された方法としてすでに出来上がっていたと指摘し、カルヴィニズムはそれを世俗内的な禁欲に転換させたのだと言います。それにより体系的な自己規律が世俗の生活において貫かれ、「人間全体を一貫した方法で把握する」という仕方で、宗教倫理が「人格」の教育に強大な力を持つことになったと言うのです。世俗に背を向け自己規律した修道士たちに対して、最初に世俗の方に意識を開いたのはルターでしたが、カルヴィニズムは修道士たちの禁欲そのものを方法的に世俗において受け継いだというわけです。そのときにカルヴィニズムが果たした役割について、ヴェーバーはつぎのようにまとめています。

カルヴィニズムは、発展の過程でそれにある積極的なもの、つまり世俗的職業生活において信仰を確証することが不可欠であるという思想を付け加えた。それによりカルヴィニズムは、宗教を志向する広汎な層に、禁欲への積極的な駆動力（der positive Antrieb zur Askese）を与えたのである。（『プロ倫』I-18: 332/RS I: 120/207）

このように心理的な駆動力を得て進められた世俗内での禁欲は、体系的な自己規律の方法をもって進められ、後期のピューリタンに至ると神の行動さえも貸借勘定の視点から審査するようになって、「生活の聖化はほとんど事業経営の性格をさえ持ちえた」（『プロ倫』I-18: 338/RS I: 124/214）。ヴェーバーはここでこのように言って、予定説を取り付き点としたカルヴィニズムの価値分析をまとめ、この特別な宗教倫理が資本主義的な営利活動と内面的な親和関係にある所以《ゆえん》を確認します。こうして、第一章の冒頭で提示された親和関係の仮説が、この第二章第一節ではまずカルヴィニズムの特別な宗教倫理の解明的理解を通じて確証されていると理解することができるでしょう。

†カルヴィニズム以外の諸派

ヴェーバーは、ここまできて視野をカルヴィニズム以外のプロテスタンティズム諸派（敬虔派、メソジスト派、洗礼派）に広げ、それらの宗教倫理について考察を進めます。注意すべきはここでも理解社会学の観点で、その考察が、それぞれの生活態度への、とりわけ禁欲的生活態度への「駆動力」に関心の焦点を定めて進められていることです。ルター派の敬虔感情は、衝動的な行為と素朴な感情生活の自然な活力を馴致《じゅんち》せず、「不断の自己審査や一般に自己の生活の計画的な規制への駆動力を欠いて」いた（『プロ倫』I-18: 341-3/RS I: 126-7/218）。それに対して、カルヴィニズムの予定説の駆動力は、比類なく首尾一貫したものであり、卓越した心理的影響を及ぼすものだった。この点から見るときに、カルヴィニズム以外の諸派はそうした内的首尾一貫性の緩和された形だというのが全体的な位置づけです。

敬虔派　改革派教会の内部にあった「敬虔派（Pietismus）」がカルヴィニズムとの違いを示すようになるのは、彼らが「聖徒の見えざる教会」を見えるものにしたいと望んで独自に「集会」を作り始めたときで、彼らはそれにより「現世にあって神との交わりの至福を求めた」。ヴェーバーの見るところ、この敬虔派に「決定的な特徴」が、彼らの信仰の感情的側面を強め、それが来世についての確信を得るため実践される現世においての禁欲的な戦いによりは、むしろ「現世において救いの喜びを享受する道」に彼らを導いた。この感情的要素の亢進《こうしん》に目標を置く態度が、「現世内行為の合理化に向けた駆動力においてマイナス」(『プロ倫』I-18: 377/RS I: 144/252) に働いたのだ、と論じられています。

メソジスト派　大陸の敬虔派に対する英米での対応物とされる「メソジスト派 (Methodismus)」についても、ヴェーバーはその信仰の感情的性格を強調します。メソジスト派の場合は、最初から大衆伝道をめざしたために、救いの確かさを自覚するのに、禁欲的生活態度を通じて得られる確証よりも恩恵を受けているという直接の感情が重視され、その倫理の基礎は揺れ動いた、とヴェーバーは言います。それによりメソジスト派もまた、倫理への駆動力という点ではカルヴィニズムの緩和形態になったというわけです。

洗礼派　以上の二派とは異なり、洗礼派については、ヴェーバーはこれをカルヴィニズムとならぶプロテスタント的禁欲のもう一つの独自な担い手と考えます。もっとも、予定説とは異なった教理を基礎におくこの洗礼派に属する諸教派については、その世俗内禁欲への志向も異なった説明がなされることになります。

いくつかの教派に分かれている洗礼派において、そのいずれにも共通する重要な点とは、それらが「個人として信じ再生を果たした者たち」の「信団 (Sekte)」であるということでした。しかも、彼らにとってこの信仰による義認は、各人の内面における聖霊のはたらきによって、すなわち個人的な啓示によってのみ果たされうると考えられたのです。ひたすら聖霊を待望し、現世への執着を徹底して捨て去るその態度は、彼らにあって一切の聖礼典を救いの手段としては無価値であるとの認識にまで至らしめ、それにより彼らはカルヴィニズムと同様に現世の脱呪術化を徹底して成し遂げた、とヴェーバーは見ます。彼らは、あくまで徹底した形で聖霊の光をうけた人びとの純粋な集会であろうとした。見える教会の権威を含めてあらゆる被造物の神格化を拒否し、神の支配に無条件に服従することを望む彼らは、現世においてひたすら良心に従って生きることがその「不可欠な条件」と考えます。

そのようにひとえに聖霊の働きを待望し、被造物が沈黙するときにのみ神が語り給うとの考えは、彼らを行為への冷静な顧慮と良心の個人的吟味に向かわせて、ここから世俗内禁欲への強い駆動力が生まれました。しかも逆説的なことにこの教派では、現世との断絶を求めるという意味をもっていた官職への拒否、非政治的な志向がかえって職業への経済的関心を強め、教会による道徳警察的な統御を拒否して自由な服従の上に立とうとする態度がかえって禁欲への主観的な駆動力を強めるのに役立ちます。しかも洗礼派においては、どの教派も個人として再生を果たしたと信ずる者たちの「信団」を作ったことが、世俗内禁欲の度合いをさらに強める力になったと説明されています。

†価値分析の結論

このような考察を経てヴェーバーは、第二章第一節の末尾で「われわれの研究〔理解社会学です〕にとって決定的なのは」(『プロ倫』I-18: 409/RS I: 162/286)と言いつつ、禁欲的プロテスタンティズムの倫理を対象にした価値分析の要点をまとめます。すなわち、禁欲的プロテスタンティズムではどの教派も、「恩恵の地位」が行為を通じた確証によってのみ保証されるものと考え、それが、生活態度を方法的に統御して禁欲を徹底しようとする行為への駆動力を生んだ。その禁欲的な生活スタイルは、神の意志に合わせて全存在を合理的に構成しようとするもので、修道院ではなく世俗の内部で生活態度の合理化が図られた、と。ここでも議論のポイントは、経済システムとしての資本主義の生成にあるのではなく、世俗において生活態度をひたすら合理化しようとする生き方の生成にあり、それが禁欲的プロテスタンティズムの職業観念の作用から生まれたと明示されています。

するとこの宗教倫理は、ここで具体的にはどのように営利生活に結びつき、それに影響を及ぼしたのか。考察はそれを問う因果的解明に進むことになります。

4　禁欲と資本主義の精神——その帰結から始まる問い

†富の危険と労働

さて、これまで見てきたようにプロテスタンティズムの倫理が世俗内での禁欲的生活態度に強い駆動力を与えると分かったとしても、それゆえ生活態度の合理化を促進する点で資本主義の精神と「内面的な親和関係」があると理解できたとしても、それがただちに現実の力となって資本主義的な営利活動を始動させるかと考えると、まだ少し飛躍があると認めねばなりません。世俗内での合理的禁欲というだけなら営利を控えたひたすら質素な生活という選択肢もありうるわけですから、そもそも〈営利〉に専心すること自体がとびきりの〈禁欲〉であると意識するなんて、改めて考えれば語義矛盾とすら感じられることが、実際にはどうして生じえたのか、その帰結とは何だったのか、この点の丁寧な解明がさらに必要なわけです。『プロ倫』第二章第二節では、残されているその点の因果的解明が課題となります。

ヴェーバーは、それを考えるためには宗教倫理の教えが一般信徒の心情に直接に働きかける「牧会」実践の現場を捉えるのが重要と見て、その実践の経験をふまえて書かれた道徳神学の書として、イギリスのカルヴィニストである長老派の牧師バクスターの著作を取り上げます。ここでも理解社会学として考えたいのは、宗教倫理の概念上、語義上の意味などではなく、「信徒たちの実際生活において通用していた道徳とは何かであり、それゆえ職業倫理の宗教的方向づけが実際にはどのように働いていていたか」であるからです（『プロ倫』I–18: 434–5/RS I: 176–7/315）。

そこで禁欲の観点からヴェーバーがまず注目するのは、バクスターにおける「富」の扱いです。すなわち、そこでは富が道徳的にいかがわしく危険なものと見なされていて、その疑念はカルヴァンよりむしろ厳格であり、その教説では一見すると財の獲得に反対して禁欲が説かれているかに見えるからです。ヴェーバーはこのバクスターにおける富への疑念を「きわめて真剣」と認めた上で、しかしそこで実のところ本当に排斥されているのは、富そのものであるよりは、得られた富のうえに生まれる休息、富の享楽に伴う怠惰、そして何よりも時間の浪費にあったと指摘します。職業として召命を受けた労働こそ、神の栄光のために役立つ当のものであり、富がもたらす休息や享楽や怠惰はその労働の機会を奪い取るがゆえに排斥されねばならないという論理です。この筋道で牧師バクスターは、信徒たちに労働の教えを熱情的に説いています。ヴェーバーの見るところ、バクスターのこの労働観に、富を危険と見なす観点からすればある意味で逆説的なことなのですが、それ自体の実際の働きにおいて信徒たちの営利行為を促進する特別な性格が備わっていたと認められるのです。それはどういうことでしょうか。

†特別な労働の教え

バクスターの著作で労働は、まずは禁欲の手段とされます。性的誘惑をはじめあらゆる誘惑に打ち勝つためにはその代替となる職業労働に励むのがよい、と。しかし労働は、そうした手段である以上に神の聖意により定められた生活の自己目的と考えねばならない。「働こうとしない者は食べることもしてはならない」、パウロのものとされる「テサロニケ人への第二の手紙」のこの言葉はキリスト者すべてに共有される認識と認めてよいでしょうが、行動指針としてのその理解において、バクスターに代表されるピューリタンは特別に際立っている、とヴェーバーは指摘します。

中世の神学者トマス・アクィナスにおいては、労働は個人と全体の生活の維持という自然的目的から理解されていました。そこで、この目的が全体として実現されている限りで、個々人は労働を自分の倫理的義務と見ないことが可能となりました。働かないで生活できる者はそれでもよいわけです。しかしバクスターの場合、神の栄光のために働くことは貧富にかかわらず差別のない召命としてつねに義務と見なされます。また、ルター派においては、労働の義務は神の聖慮として各人に指定される一つの職業を受け入れそれに留まることと理解されていましたが、バクスターにおいては「神の栄光のために働く」という実践が召命の核心にあり、不断にその実質的な成果が問われました。

そしてここで、前節で倫理の価値分析により析出されたこの派の禁欲の性格、すなわち方法的に合理的な生活態度への志向が重要な意義を持ってきます。というのもそんな志向をもつピューリタンは、確定した職業労働に専心してそこでその合理的遂行に努めるばかりでなく、必要とあればそれに自足することなく、より成果の大きい職業を求めて職種の変更をも厭《いと》わず進むところまで合理化を求めたのです。

すると、成果が大きく神に喜ばれるという意味での「職業の有益さ」とは何でしょうか。それについてバクスターは、まず道徳的基準から、つぎに生産する財の全体に対する重要度から、そして三番目に「私経済的な「収益性」」から捉えており、しかもこの最後のものを実践的には最も重要な視点と認めていた、とヴェーバーは指摘します。だから信仰深いキリスト者は、有利な利得の機会が与えられたなら、それを神の意図（＝摂理）と受け入れてその機会を巧みに利用し、それによりつねに進んで神の召命に応じなければならないわけです。この見方に立ってバクスターは、「もちろん肉の欲や罪のためではなく、むしろ神のためにあなた方が労働し富裕になるのはよいことなのである」、と言います（『プロ倫』I-18: 434/RS I: 176/310）。職業労働による富の追求は、倫理的に許されるだけでなく、神のために「まさに命令されている」という認識です。

「ここが決定的なところだ（*Dies ist das Entscheidende.*）」、ヴェーバーはこの箇所にこんな強い調子の注を付けています。こうした労働の教えこそ、「確定した職業の禁欲としての意義を強調することで近代の専門人に倫理的な光輝を与え、収益チャンスを摂理と解釈することで実業人にも倫理的な光輝を与え」て、資本主義の精神に倫理的基礎をもたらしたと認められるからです（『プロ倫』I-18: 434, 438/RS I: 176, 178/315, 317）。かくて解明的理解の方法を通じて、「プロテスタンティズムの倫理」と「資本主義の精神」との「内面的な親和関係」の強固な基底が確認されました。

†禁欲の結果と意図せざる結果

すると具体的には、このような職業観念に基づく禁欲の生活態度は、資本主義的生活様式にどのような影響を与えることになったのでしょうか。問われているのは、禁欲の態度が職業労働への専心を求めるばかりでなく営利の促進をも意味すること、あるいは、営利の営みまでもが禁欲の行為であること、この一見すると語義矛盾であるような事態が、具体的な一貫した行為として理解できるのかという問題です。

そこでヴェーバーが指摘するのは、この禁欲が反対したのが「けじめのない享楽」、「衝動的な快楽」であったという点です。彼らにとって遊技は肉体の休養に役立つものであるべきで、けじめなく生活を楽しむ手段であったり功名心などの非合理な欲望を起こさせるものは排斥されました。また文化財に対する態度も同様で、教養や学問が一般的に軽視されたわけではないけれど、感覚芸術などの領域にはひどく冷淡でした。要するにピューリタンの世俗内禁欲とは、けじめのない享楽に反対し、衝動的な物欲や奢侈《しゃし》的な消費などを締め上げるということで、この態度はその反面において財の獲得を伝統主義的な倫理の制約から解き放つわけです。これは言い換えると、所有物の非合理的使用と戦って有用なことにその使用を限定し、それによって営利を合理的に推進しようという志向です。

そう考えられるとすれば、このような志向を持つ禁欲の営みとは、それ自体が「禁欲的節約強制による資本形成」（『プロ倫』I-18: 466/RS I: 192/345）なのであり、それを前提にした営利とは、この資本の増殖を追求する資本主義の営みそのものであると認めなければなりません。こうした禁欲をヴェーバーは、「つねに善を意志しつつ、つねに悪をなす」力、すなわち当の禁欲にとってまずは悪であった、所有とその誘惑を「作り出す」力だと言います。ここに拡大する資本形成は、禁欲の「意図せざる結果」（『プロ倫』I-18: 254/RS I:

82/134）だったのだということです。

そんな結果を伴いながらもこの禁欲の宗教倫理は、世俗の内部に方法的に合理的な生活態度を生み出し、専門労働と営利活動を職業（召命）として正当化して、資本主義の精神の広がりにとって「この上なく強力な梃子《てこ》」となった、というのがヴェーバーの見立てです。かくして因果的解明がつながることになりました。

> ピューリタニズムの人生観の力がおよぶ限りで、この力は、いかなる場合においても、市民の経済的に合理的な生活態度への傾向を助長するものであった。このことは、もちろん、資本形成への単なる寄与よりはるかに重要なものである。ピューリタニズムの人生観は、その生活態度のもっとも核心的で唯一首尾一貫した担い手であった。この人生観は、近代的「経済人」の揺籃《ようらん》を見守ったのである。（『プロ倫』I-18: 471/RS I: 195/350–1）

†三つの留保と結論

この解明的理解の作業の結果について、その意味の評価に進む前にヴェーバーはここで、ありうべき異論・反論に対する「留保」を行った上で自説の立場をより立ち入って特定しています。この箇所は、ドイツ語で留保を表す定型表現であり、ヴェーバー自身が多用する構文でもある「Gewiß: A, Aber: B」という対句が使われていて、日本語では「確かにAではあるが、しかしBなのだ」のように対応させて翻訳できるところなのですが、対応関係にある「Gewiß: A」と「Aber: B」との間がかなり離れているためもあって、これまでその「留保」の意味が正しく理解されないできたところでした。日本語訳でも多くは誤解を招く翻訳表現（あるいは端的な誤訳）が通用してきていて、それもまた『プロ倫』理解の一つの障壁ともなってきたと言うことができます。[6] しかし、問題は解明的理解の結論に関わるところなのですから、ここは正確に理解しておかなければなりません。

留保である「Gewiß: A」のAに当たる部分で述べられていることは、三つあります。

まず第一はいわゆる「所有の世俗化作用」と言われる事態で、禁欲の結果もたらされた富が貪欲への誘惑を生み、それが信仰の堕落を招くということの傾向に、実はピューリタニズムも勝てなかったという認識です。

また第二は功利主義の働きについてで、ピューリタニズムの禁欲の経済的効果が十全に働くようになるのは、宗教的熱狂が冷めた後のことで、そこには宗教思想の死滅と功利主義への転換が認められるということです。

そして第三は、「低賃金にめげない忠実な労働」を神が喜ぶという見地はキリスト教のすべての教派に共有されるもので、その点でピューリタニズムの倫理に特別なところはないという認識です。

ヴェーバーの見るところ、これらの傾向や認識はウェズリーやダウデンがすでに警告し指摘しているところであり、一般にもよく知られていたのですが、それを内容的に見るといずれもピューリタニズムにおける禁欲の宗教倫理の独自な働きを相対化するものであり、こちらが強調されると、「ピューリタニズムの人生観は、市民的生活態度のもっとも核心的で唯一首尾一貫した担い手であった」とする認識はそれだけ後景に退いてしまうと考えられます。そこで、それに対するヴェーバーの態度は、「確かに（Gewiß）」とそれらの一定の妥当性を容認した上で、「しかし（Aber）」と言ってそれに自説をあらためて補強しつつ対置し確認するかたちになりました。

> しかし（Aber）、プロテスタンティズムの禁欲は、この〔忠実な労働が神意にかなうという〕観点をもっとも強力に深めたばかりでなく、労働を、職業として、すなわち恩寵の地位を確保するため特に秀でた、いや結局はしばしば唯一の手段と把握することにより、そうした規範のために心理的駆動力を生み出した。そして、つまるところまさにこの心理的駆動力があってこそ、かの規範は規範として力を発揮することが出来

たのである。(『プロ倫』I-18: 481/RS I: 200/360)

ここでもポイントは「心理的駆動力」です。しかもここでは、これまで解明的理解の方法をもって一貫して追求してきたこの駆動力こそ、行為を実際に駆動して労働の規範を実効力あるものにする根幹なのだと、あらためて述べているわけです。その点をきわめて重視するヴェーバーの主張の核心は明らかでしょう。かくてヴェーバーは、これまでの考察全体をつぎのようにまとめます。

近代資本主義の精神の、いやそれのみならず、近代文化の本質的構成要素のひとつであると言える、職業理念を基盤とする合理的生活態度は、キリスト教的禁欲の精神から生まれたものだった。本論考はこのことを証明しようとしてきたのである。(『プロ倫』I-18: 484-5/RS I: 202/363-4)

理解社会学の方法に即して『プロ倫』をここまで丁寧に読んでくると、この著作が、資本主義という経済システムの歴史的起源を解明するものではなく、ましてや、近代という時代とその文化を一般的に擁護したり批判したりするものでもなく、ここに文字通り語られているように「職業理念を基盤とする合理的生活態度」をその淵源《えんげん》となった「キリスト教的禁欲の精神」から問うものだという、その真意が正確に理解できると思います。この違いは長きにわたって混同され続けてきましたが、問いの焦点が個人の生活態度とそれを導く倫理（エートス）にあることが重要で、これまで見てきたように解明的理解という特別な方法はまさにそこに関心を寄せて考察を進めているのです。

†警句の意味

その考察も最後まで来て、「キリスト教的禁欲の精神」の意義を確認したこの結論と同じパラグラフで、いよいよ本書の冒頭で触れたあの警句、すなわち「精神なき専門人、心情なき享楽人、この無なるものが、人間性のかつて到達したことのない段階にまですでに登りつめた、と自惚《うぬぼ》れている」という警句が出てきます。とすれば、この意味は、どのように受けとめたらいいのでしょうか。それを考える鍵は、やはり、解明的理解の結論とこの警句とをヴェーバーがどのような思考でつないでいるかにあると見ることができます。

ヴェーバーはここで、「近代の職業労働が禁欲的性格を帯びているという考えは決して新しいものではない」として、あらゆる苦痛や快楽を経験したいと望むファウスト的人間の全面性の断念を不可避とみたゲーテがすでにそれを教えていると認めつつ、その上で、この『プロ倫』で見てきたピューリタン的な生活態度とそれを経た現代の職業労働の特別なことについて、つぎのように言います。

ピューリタンは職業人たろうと欲した、――われわれは職業人たらざるをえない。禁欲が修道士の小部屋から職業生活のただ中に移されて、世俗内での道徳生活を支配しはじめると、それとともに、メカニックな機械的生産の技術的・経済的前提と結びついた近代的経済秩序の、あの強大な秩序界（Kosmos）を作り上げるのに力を貸すことになったからだ。この秩序界は今日、その駆動装置に送り込まれたすべての人――直接に経済的な営利の場においてだけでなく――の生活スタイルを、その圧倒的な強制力によって規定しているし、化石燃料の最後の一片が燃え尽きるまで規定し続けるであろう。（『プロ倫』I-18: 486-7/RS I: 203/364-5）

ここで語られているのは、世俗内禁欲の倫理に導かれた職業人の合理性を志向する経済行為が作動すると、当の行為が織りなす経済秩序のメカニックな動きを駆動してあたかも自律的に作動するかに見える強大な秩序界の構成を助長し、今度はこの秩序界の強制力の方が行為者たちの行為を規制するようになっていくという、行為と秩序との間の逆説的な関係性のことだと言っていいでしょう。ヴェーバーはここで、キリスト教的禁欲の精神が生んだ合理的生活態度そのものの実践的な帰結、その社会的作用について語っているのです。

警句へと続くこのような議論の進め方は、解明的理解の方法によりながら行為動機に即して個人の生活態度の行方を追ってきた、『プロ倫』のヴェーバーの行論の特徴をはっきり示していると認めることが出来るでしょう。その意味は、例えば本書の「はじめに」で確認したようなシュモラーの認識と比較してみると、とてもよく分かると思います。シュモラーが問題化していたのは資本主義の下で広がっている倫理を見失った「際限ない享楽の追求」であって、それを「不動の社会倫理的理想」をもって規制するべき対象と見なしていたのでした。これに対してヴェーバーにおいては、問題の基底として世俗内禁欲の倫理そのものが見据えられており、この倫理が指示する合理的な生活態度、そこに生まれる当の合理的な行為こそが秩序を構成して、すべての人びとをその強制力の下に取り込んでしまう経済秩序の「強大な秩序界」を作り上げる規定要因だと捉えられているのです。資本主義の下での倫理の頽落《たいらく》などということではなく、ある倫理が資本主義を助長しながら実際に生み出してしまう生の形、それがここに問題化されているわけです。この観点からヴェーバーは、シュモラーに対して応答してもいるのだと見てよいでしょう。

ヴェーバーは同所でこの「秩序界」のことを「鋼鉄のように固い殻（stahlhartes Gehäuse)」と言い換えます。この語は英語や日本語でしばしば「iron cage（鉄の檻）」と翻訳され、ここから「人間を牢固に閉じ込める牢獄としての資本主義」という像をヴェーバーのものとする理解がこれまでかなり広がってきました。(7) しかし実は、それは一面的な理解であって、ある種類の虫たちが自分の身を守るため自ら「殻」を被《かぶ》るように、人間たちが努めて合理的であろうとする行為自体によって自ら引き受けている経済秩序として、それは「自衛の殻」なのだという面がまた重要です。(8) そうであればこそこの「殻」は、確かに鋼鉄の牢獄のように人びとの身を縛るのだけれど、そもそも自らを守るため引き受けているものだから容易には脱ぐことが出来ない。このような行為と秩序の社会学的考察により、シュモラーには見えなかった問題の逆説的な構造がここにはっきり顕れてきます。

「ピューリタンは職業人たろうと欲した」。その行為が「殻」をつくり、その殻の中で、「われわれは職業人たらざるをえない」。つまり、そんな殻を作ってきたからこそ、努めて合理的たろうと振る舞っていた職業人たちの行為はやがて殻の強制力に強いられる形に主と奴が反転し、その意味さえ見失われていく。そのようにして殻に籠もり凝り固まった極をヴェーバーは「機械的化石化」と言うのですが、そうなってしまうなら、この文化発展の最後に現れるのは、「精神なき専門人、心情なき享楽人、この無なるものが、人間性のかつて到達したことのない段階にまですでに登りつめた、と自惚れる」、そんな事態に違いない。ヴェーバーにおいてこの警句は、こうして理解社会学による動機連関の解明の視角から提示されることになりました。

警句を超えていく問い

このような文化発展の一つの終局像について、それを不可避な運命のように語っているようにみえるヴェーバーの論定は、先鋭な時代診断であるとしても、あまりにペシミスティックではないかとの評価を受けてきました。確かに警句をそれだけで読む限りでは、そこに救いはないようにみえて、やりきれないという思いは残るかもしれません。しかし、この警句を理解社会学の思考のつながりの中で読むなら、禁欲的プロテスタンティズムの倫理の解明的理解の末に行き着いたこの認識が決して終着点ではないことが分かるのではないでしょうか。ヴェーバー自身がただちにその後の研究課題に触れているように、探求はさらに続くと考えなければなりません。そして実際に、その後のヴェーバーの研究展開を見通しつつ考えてみると、ここから直接に二つの方向への問いが続いているのだとわかります。

その一つは、解明的理解の方法によってその動機を追求してきた行為とそれが織りなす秩序との関係に関わります。この点に関してヴェーバー自身は、『プロ倫』で素描した

「禁欲的合理主義」の意義に即して、その「社会‐政治的倫理の内容、すなわち私的集会から国家にいたるまでの社会集団の組織と機能のあり方」をさらに追求したいと、ここでつぎの課題をかなり特定して示しています（『プロ倫』I-18: 488-9/RS I: 205/368）。これは、宗教倫理と経済行為、そしてそこに生まれる経済秩序という、経済的関係に視野を限定して追求された『プロ倫』の考察を、法的関係や政治的関係を含む他の社会秩序形成の場に広げて展開するという、いわば全面的な視野の拡大を伴う進んだ課題設定と考えることが出来るでしょう。そう考えてみるとこれは、「宗教」「法」「支配」などを論ずる章を含んで『経済と社会』と名づけられることになった、彼のこの後に続く大規模な社会学的諸著作の出発点になる問いだとわかります。

　またもう一つの方向は、『プロ倫』の末尾の警句が禁欲的プロテスタンティズムの宗教倫理を対象にした解明的理解の遂行の結果としてもたらされていることに関わります。すなわちその結果はそこから跳ね返って、他の宗教倫理についてもそれが生み出す生活態度の形を追求する同様な解明的理解への関心を生むはずだということです。そう考えてみるとこれは、『世界宗教の経済倫理』と名づけられた後期ヴェーバーの主著の課題へと直接つながっていると認められます。

　するとヴェーバーは、ここに現れた二つの課題にどのように取り組んでいったのでしょうか。またそれは、どんな成果を生むことになったのでしょうか。ヴェーバー理解社会学にアプローチするわたしたちの旅は、こうして『プロ倫』を経て、いよいよその全体像を視野に入れ歩みを進めることになります。

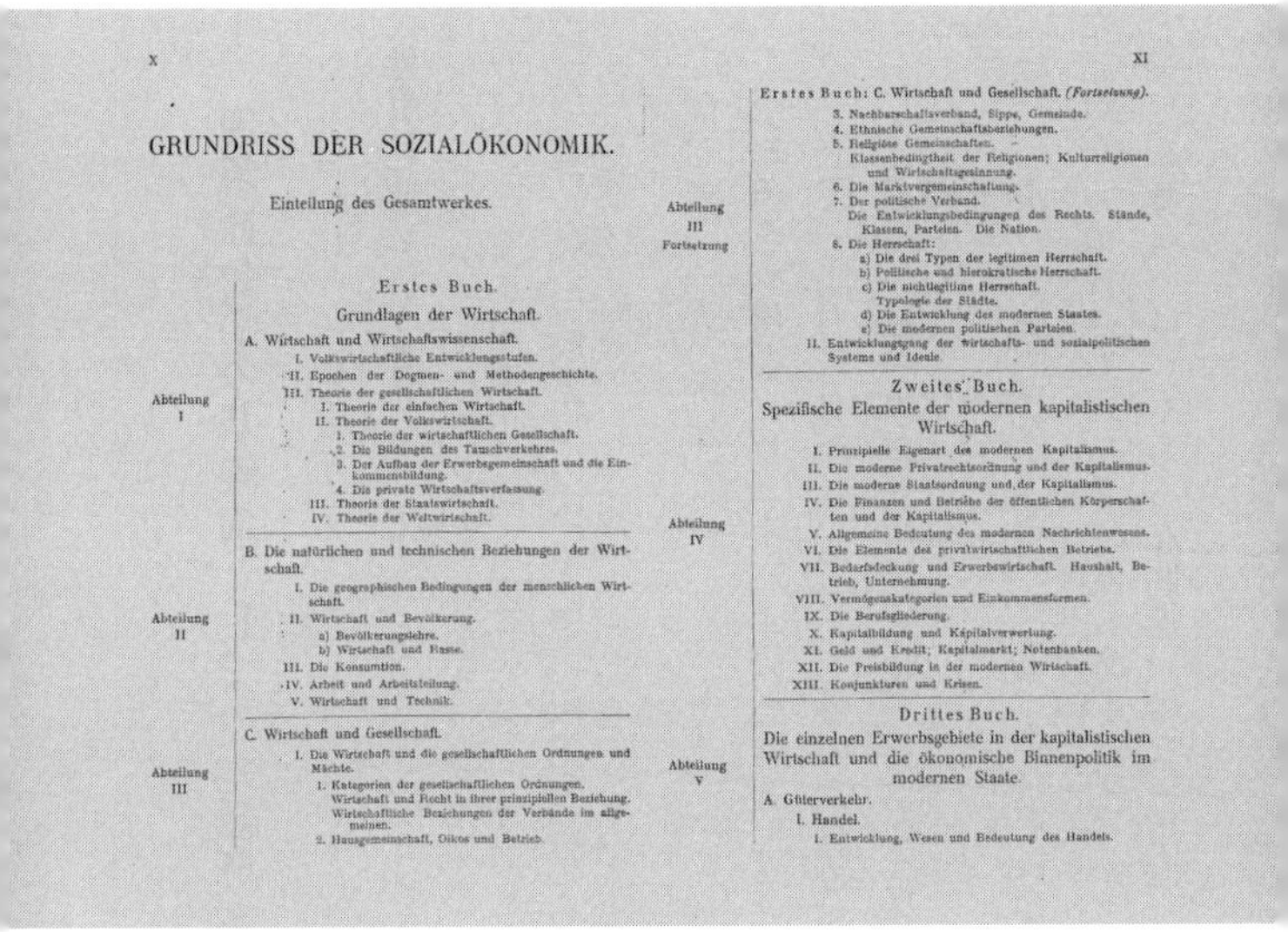
X

GRUNDRISS DER SOZIALÖKONOMIK.

Einteilung des Gesamtwerkes.

Erstes Buch.

Grundlagen der Wirtschaft.

Abteilung I

A. Wirtschaft und Wirtschaftswissenschaft.
I. Volkswirtschaftliche Entwicklungsstufen.
II. Epochen der Dogmen- und Methodengeschichte.
III. Theorie der gesellschaftlichen Wirtschaft.
I. Theorie der einfachen Wirtschaft.
II. Theorie der Volkswirtschaft.
1. Theorie der wirtschaftlichen Gesellschaft.
2. Die Bildungen des Tauschverkehres.
3. Der Aufbau der Erwerbsgemeinschaft und die Einkommensbildung.
4. Die private Wirtschaftsverfassung.
III. Theorie der Staatswirtschaft.
IV. Theorie der Weltwirtschaft.

Abteilung II

B. Die natürlichen und technischen Beziehungen der Wirtschaft.
I. Die geographischen Bedingungen der menschlichen Wirtschaft.
II. Wirtschaft und Bevölkerung.
a) Bevölkerungslehre.
b) Wirtschaft und Rasse.
III. Die Konsumtion.
IV. Arbeit und Arbeitsteilung.
V. Wirtschaft und Technik.

Abteilung III

C. Wirtschaft und Gesellschaft.
I. Die Wirtschaft und die gesellschaftlichen Ordnungen und Mächte.
1. Kategorien der gesellschaftlichen Ordnungen.
Wirtschaft und Recht in ihrer prinzipiellen Beziehung.
Wirtschaftliche Beziehungen der Verbände im allgemeinen.
2. Hausgemeinschaft, Oikos und Betrieb.

XI

Erstes Buch: C. Wirtschaft und Gesellschaft. *(Fortsetzung).*

Abteilung III Fortsetzung

3. Nachbarschaftsverband, Sippe, Gemeinde.
4. Ethnische Gemeinschaftsbeziehungen.
5. Religiöse Gemeinschaften.
Klassenbedingtheit der Religionen; Kulturreligionen und Wirtschaftsgesinnung.
6. Die Marktvergemeinschaftung.
7. Der politische Verband.
Die Entwicklungsbedingungen des Rechts. Stände, Klassen, Parteien. Die Nation.
8. Die Herrschaft:
a) Die drei Typen der legitimen Herrschaft.
b) Politische und hierokratische Herrschaft.
c) Die nichtlegitime Herrschaft.
Typologie der Städte.
d) Die Entwicklung des modernen Staates.
e) Die modernen politischen Parteien.
II. Entwicklungsgang der wirtschafts- und sozialpolitischen Systeme und Ideale.

Zweites Buch.

Spezifische Elemente der modernen kapitalistischen Wirtschaft.

Abteilung IV

I. Prinzipielle Eigenart des modernen Kapitalismus.
II. Die moderne Privatrechtsordnung und der Kapitalismus.
III. Die moderne Staatsordnung und der Kapitalismus.
IV. Die Finanzen und Betriebe der öffentlichen Körperschaften und der Kapitalismus.
V. Allgemeine Bedeutung des modernen Nachrichtenwesens.
VI. Die Elemente des privatwirtschaftlichen Betriebs.
VII. Bedarfsdeckung und Erwerbswirtschaft. Haushalt, Betrieb, Unternehmung.
VIII. Vermögenskategorien und Einkommensformen.
IX. Die Berufsgliederung.
X. Kapitalbildung und Kapitalverwertung.
XI. Geld und Kredit; Kapitalmarkt; Notenbanken.
XII. Die Preisbildung in der modernen Wirtschaft.
XIII. Konjunkturen und Krisen.

Drittes Buch.

Die einzelnen Erwerbsgebiete in der kapitalistischen Wirtschaft und die ökonomische Binnenpolitik im modernen Staate.

Abteilung V

A. Güterverkehr.
I. Handel.
1. Entwicklung, Wesen und Bedeutung des Handels.

第 3 章

理解社会学の仕組み

――『経済と社会』(『宗教ゲマインシャフト』)を読む

叢書『社会経済学綱要』第1巻に掲載された「1914年構成表」

1　理解社会学の基礎論としての『経済と社会』

†『経済と社会』という著作

ヴェーバーの主著の一つと認められ、それとして広く読まれてもきた社会学上の著作『経済と社会』の成立については、『伝記』がその発端をつぎのように伝えています。

同じ年〔一九〇九年〕に「アルヒーフ」の発行者パウル・ジーベックがある大きな社会経済学の叢書にヴェーバーの興味を引きつけた。……ヴェーバーは同意し、プランを立て、協力者を探し、そして骨の折れる組織者の仕事を引き受けた。……彼はまたしても猛烈な熱中ぶりを見せた。（『伝記』423-4/319）

「宗教」「法」「支配」を主題として、それぞれが優に浩瀚《こうかん》な一書をなすほどの厚みをもった諸章から構成されているこの『経済と社会』という著作が、ヴェーバーその人の壮大な力業であることは、もちろん間違いのない事実です。とはいえそれは特別な著作として、ここに語られるように多くの研究者を組織して企画された大きな叢書の一部として執筆されており、またそこでヴェーバーが準備したテキストはいくつかの原稿束が遺稿として遺され、刊行は原著者の死後にまずは妻マリアンネらの編集を経て実現されたために（初版一九二二年）、著作の成り立ちについてこれまでさまざまな議論を呼んできました。

そんな専門家たちの議論の細部にまで立ち入るのはここでは断念せざるをえませんが、しかし『経済と社会』というテキストに取り組む際には、この著作の成立事情と基本性格の大筋を押さえておくことはやはり不可欠と言わなければなりません。そもそもこれは、『プロ倫』のような独立の主題をもつモノグラフと違って、論述内容そのものが叢書の全体企画に自ずと規定されているため、そうした文脈を無視することができないのです。叢書というのは『社会経済学綱要（*Grundriß der Sozialökonomik*）』と名づけられたもので、大学教育における経済学教科書として長年使われてきたシェーンベルク編纂《へんさん》の『経済学ハンドブック』（*Handbuch der politischen Ökonomie*, 初版一八八二年、第二版一八八五年）の後継として企画されています。その関係から『綱要』は、この学問領域に読者を導く「教育的性格」が意識され[1]、全体として概説的な論述が志向されてもいるので、そうした場の性格を踏まえて各寄稿者の論述内容も理解しなければならないわけです。

もっとも、この叢書の執筆陣は広く多彩な専門研究者を組織して構成されており、それだけに他方で学問方法の厳密な統一は断念されていて、ヴェーバーの執筆部分についても、彼に独自な方法的立場から責任を持った論述がなされていると考えることが出来ます。そうであれば、『経済と社会』としてまとめられている当該部分の論述については、ヴェーバー自身の学問方法が確かに基礎に踏まえられているものとして、その方法論上の性格をしっかり理解して読解しなければなりません。

†「一九一四年構成表」

そこで遺稿のテキストについてそうした読解を進めようとするとき、ヴェーバー自身が当初抱いていた執筆プランを探る第一の手がかりとなるはずのものに「一九一四年構成表」と言われている目次案があります。これは、一九一四年にカール・ビュッヒャーやヨセフ・シュンペーターらが寄稿した叢書第一巻の配本がなされたときに、同巻に掲載された叢書全体の序言につづく全巻の構成表で、ヴェーバーがその作成に関わっているのは間違いないと認められるものです。

その中ではヴェーバー執筆担当部分は次頁の表のような項目配列になっています。

このような大規模な計画をもって書き進められた『経済と社会』のテキストが、まずはマリアンネ・ヴェーバーらの編集によってはじめて刊行が可能になったと言いましたが、

C　経済と社会。

　I　経済と社会的諸秩序および権力。

　　1　社会的諸秩序のカテゴリー。
　　　経済と法の原理的関係。
　　　団体の経済的関係一般。

　　2　家ゲマインシャフト、オイコスおよび経営。

　　3　近隣団体、氏族、ゲマインデ。

　　4　種族ゲマインシャフト関係。

　　5　宗教ゲマインシャフト。
　　　宗教の階級的被制約性；文化宗教と経済心術。

　　6　市場ゲマインシャフト形成。

　　7　政治団体。
　　　法の発展条件。身分、階級、党派。国民。

　　8　支配：

　　　a）正当的支配の三類型。

　　　b）政治的支配と教権制的支配。

　　　c）非正当的支配。
　　　　都市の類型学。

　　　d）近代国家の発展。

　　　e）近代政党。

「1914 年構成表」

そのマリアンネ編は第三版（一九四七年）までで、その後はヨハンネス・ヴィンケルマンが編集を担当して構成を組み替え、それが第四版（一九五五年）および第五版（一九七六年）として刊行されてきています。

かくて長く流通したこの二つの編集版は、両者ともに編集の出発点としてはここに示した「一九一四年構成表」が参照されているに違いありませんが、前者が三部構成の編集だったのに対し後者ではそれが二部構成に改められるなど、その間にもいくつかの基本的な変更がありました。そのため『経済と社会』というテキストは、テキスト自体にその真正な形とは何かが問われる多くの問題をずっと抱え続けてきたわけです(2)。もっともその中でも、『経済と社会』全体の読解にとってどうしても無視できない最大の問題は、むしろ両者が共通して陥っていたある一点でした。

†トルソーの頭

「一九一四年構成表」を見ると、その冒頭に置かれた「Ⅰ」の「1」は「社会的諸秩序のカテゴリー」と題されています。マリアンネとヴィンケルマンの編集では、これに該当するものとして、ヴェーバーの最晩年と言える一九一九年から二〇年頃に執筆されながらも刊行は没後になってしまった論稿「社会学の基礎概念」（以下では『基礎概念』と略す）とそれに続く概念論を置き、それを第Ⅰ部（第三版では「経済と社会的秩序ならびに諸権力」と、第五版では「社会学的カテゴリー論」と題される）としました。つまり、長らく流通してきた『経済と社会』の二つの版では、一九一一―一三年にすでに大半が書かれていてその基本構成が「一九一四年構成表」に提示されたはずの原稿の前に、一九一九―二〇年執筆の『基礎概念』を置き、この不適合な両者を無理につなげる形でつくられた構成物が一書として取り扱われていたわけです。

このようなテキスト状況に対して、それを「トルソーの頭」問題と名づけて異議を唱えたのは折原浩でした。つまりこれまでの『経済と社会』は、頭を欠いたまま遺されていた原稿束（トルソー）にそれとは合わない頭を載せて、なんとも不釣り合いな一体になった構成物だったのだという主張です。これに対して、折原が原稿内に含まれる相互参照指示のネットワークなどを精密に点検した上で提示しようとするのは、まさに一体的な『経済と社会』像であり、そこでその「頭」として指定されたのは、一九一三年に雑誌『ロゴス』誌上に発表されたもう一つの概念論である『理解社会学のカテゴリー』（以下では『カテゴリー』と略す）という論文でした。この折原の提起は、まずは執筆時期に即して「トルソー」である遺稿の原稿束とその「頭」である概念論とをシンクロさせるのですが、それればかりでなく実質的意味においては、『経済と社会』という著作全体が理解社会学として一貫した書物であることを再発見させてくれる大変重要な認識転換をもたらすものと考えられます。

†ゲマインシャフト行為

そう思って、ここで合わない頭を取り替え『カテゴリー』という本来の頭を載せて見直すと、『経済と社会』というテキストが確かに理解社会学として一貫した構成をもつことが分かってきます。それを確認する手がかりは、まずなによりも『カテゴリー』が第一の基礎カテゴリーとする「ゲマインシャフト行為（Gemeinschaftshandeln）」という概念にあります。それはつぎのように規定されています。

> 人間の行為が当人の主観において他の人間の行動へと意味の上で関係づけられている場合、われわれはそれを「ゲマインシャフト行為」と呼ぶことにする。（『カテゴリー』I-12: 406/WL: 441/43）

この第一の基礎カテゴリーの規定を見れば、この学問が「当人の主観」における「意味上の関係づけ」に関心を寄せて「行為」を捉え、それを研究対象にしていることは明らかでしょう。それは確かに解明的理解に志向する行為の把握であり、まずはこの概念規定に理解社会学の関心がはっきり示されていると認められます。

「ゲマインシャフト」というと、テンニースの「ゲマインシャフトとゲゼルシャフト」という対概念が有名で、日本語では「共同社会と利益社会」などと翻訳されて社会集団の対照的な二類型の一方と理解されるのが普通でしょうか。しかし、この『カテゴリー』での規定はそれとは異なっています。すなわち、ここでゲマインシャフト行為とは、何かの共同体というよりは、他者の行動に関係づけられる個人の行為そのものを指しており、それはまたゲゼルシャフト行為を包含する上位概念であって、ゲマインシャフト行為が「制定された秩序（gesatzte Ordnung）」に準拠して行われる特別な形になる場合にそれを「ゲゼルシャフト行為（Gesellschaftshandeln）」と呼ぶとされているのです。

もっともヴェーバーその人において、実はこのような行為概念の編成が晩年になって変化します。すなわち一九一九—二〇年の『基礎概念』になると、『カテゴリー』で「ゲマインシャフト行為」と呼んでいた対象をあらたに「社会的行為（soziales Handeln）」という名前で呼び直し、その下位概念として「ゲマインシャフト関係（Vergemeinschaftung）」とゲゼルシャフト関係（Vergesellschaftung）」という対概念を配置する形で、テンニースの対概念に準ずるような方向に概念の編成替えが行われるのです。このようにして、『カテゴリー』では「ゲマインシャフト行為」に込められていた行為理解への関心が『基礎概念』では「社会的行為」に引き継がれるわけですが、この編成替えはヴェーバーの早すぎる死により十分な展開に至らず、結果として事態を少し混乱させたと見なければなりません。というのも、一九一一―一三年に執筆された遺稿では全体として「社会的行為」ではなく「ゲマインシャフト行為」の方がなお使われているのに、そのトルソーの頭として『基礎概念』が誤って置かれたために、『経済と社会』において「ゲマインシャフト行為」概念に込められていた行為理解への関心が見えにくくなってしまったと考えられるからです。

それゆえわたしたちが『経済と社会』に取り組む場合には、あらためて正しく『カテゴリー』を頭に据え、「ゲマインシャフト行為」概念に込められた理解への関心にしっかり留意しながら、遺稿の全体を理解社会学の仕事として読まなければならないわけです。

†理解社会学の基礎論として

そこで、そんな意識を持っていよいよ『経済と社会』に立ち入ると、叢書の一部として概説に志向しているはずの各章の叙述が、その内実においてははっきりヴェーバーその人の、その理解社会学の問題関心に貫かれていることが分かります。それはまず各章の問題設定から明確に読み取れます。例えば『宗教社会学』として理解されている章の問題設定は、つぎのように語られています。

われわれがここで問題にしているのは、宗教の「本質」ではなく、その外面的な経過がきわめて多様な形態をとっているがゆえに、それに関わる個々人の主観的な体験や表象や目的から――「意味」から――のみそれを理解できるような、特定の種類のゲマインシャフト行為の条件や働きである。（『宗教』I-22-2: 121/WG: 245/3）

ここでは確かに「主観的な意味」に関心が寄せられ、それに即して理解できる限りでの「宗教」を扱うと言われていて、これが理解社会学の関心に従っていることは明らかでしょう。しかも、ここで問題とするのは「特定の種類のゲマインシャフト行為の条件や働き」であると言われている点がまた重要です。すでに見たように理解社会学とは、『基礎概念』で最終的に確定した定義では、「社会的行為を解明しつつ理解し、それによりその経過と働きについて因果的に説明しようとする学問」とされていたのでした。『カテゴリー』を頭におくべき『経済と社会』ではこれを「ゲマインシャフト行為を解明しつつ理解し……」と読み替えなければならないわけですが、そう考えてみると、その目的のためここでは「宗教」に関わるゲマインシャフト行為の「条件や働き」についてあらかじめまとめておくというのが、叢書の中に指定されたこの章の論述の位置づけであると理解できます。

この問題設定の形は『法』や『支配』についてもまったく同様で、『法』の場合を確認しておくと、そこでも問題はつぎのように語られています。

〔「法」「法秩序」「法命題」を論ずるとき〕社会学的な考察方法では、ゲマインシャフト行為に関与している人びとが、とりわけそのゲマインシャフト行為に社会的に有意な程度に事実上の影響力を持つ人びとが、特定の秩序を妥当していると主観的にみなし実際にもそのように取り扱う、つまり自分の行為をそれに準拠させて遂行するというチャンスが存在する場合、それにより当のゲマインシャフトの中では事実としてどんなことが生ずるか、ということを問題にする。（『法』I-22-3: 191/WG: 181/3）

すなわち、ある「法」や「法秩序」を「妥当していると主観的にみなし実際にもそのように取り扱う」場合に、ゲマインシャフト行為に「事実としてどんなことが生ずるか」を問題にするというわけで、基本は「宗教」の場合と変わりません。総じて『経済と社会』という著作は、『社会経済学綱要』と名づけられた叢書の企画を前提としつつ、「一九一四年構成表」に示されるような包括的な視野に立って、ゲマインシャフト行為の条件や働きを一般的に論じたものだということです。言い換えると、ここでの論述は、『プロ倫』で行ったような歴史的な対象である特定の人（人びと）の行為についての現実的な解明的理解ではなく、むしろその前提としてそうした行為の「条件や働き」をあらかじめ問うておく基礎論としての意味をもつと考えられるのです。

するとこの壮大な枠組みの基礎論は、実際にはどのように論述が進められていくのでしょうか。それを読み始めるに当たり、この基礎論の論述を根底で支える基礎概念の編成プロセスから少し丁寧に見ておきたいと思います。用語法の変化などに立ち入りますからやや細かな議論に感じられるかもしれませんが、そこには、新しい学問を創生するとはどういうことか、それを実際に示すヴェーバー自身の努力の現場が見えると思います。

2 基礎概念の編成——行為と秩序の緊張

†シュタムラー論

本書では、冒頭の「はじめに」でヴェーバー理解社会学を再発見するのに不可欠な作品として彼自身が特別に参照指示した五点の論文を取り上げ、主としてその内の四点に導かれる形でここまで議論を進めてきました。それを踏まえて、ここで中心的に取り上げなければならないのは、残された一論文である「R・シュタムラーによる唯物論的歴史観の「克服」」(一九〇七年、以下では『シュタムラー論』と略す)です。

同時代ドイツの法哲学者ルドルフ・シュタムラーを論じたこの『シュタムラー論』は、五作品の中でも実はやや特別なもので、理解社会学を初めて自らの学問と宣言した『カテゴリー』の冒頭の注では、そこでのカテゴリーの編成が「シュタムラーが「言うべきだったはずの」ことを示すために展開されている」とまで言ってこれに言及しています(『カテゴリー』I-12: 391/WL: 427/6)。また、理解社会学の定義を最終的に定式化した晩年の『基礎概念』でも冒頭の「はしがき」でこの論文に言及し、これが「(『基礎概念』の)以下の行論の基本思想をすでに多く含んでいた」(『基礎概念』I-23: 148/WG: 1/8)と言います。トルソーの頭の候補となった二論文でそう言うのですから、この論文が提示する問題は、まさに理解社会学の基礎概念の編成原理に直接に関わり、その点から『経済と社会』全体の意義そのものに関わっていると考えてよいでしょう。

そこで、その『シュタムラー論』なのですが、ここでヴェーバーが主として問題にしているのは、シュタムラーが「社会生活」の決定的な特徴を「規則（Regel）」によって規制された相互関係から成り立つものと見た点でした。シュタムラーはこの点に「社会生活」が「自然」とは異なる考察の客体である所以《ゆえん》を見て、ここから「社会生活にかんする科学」が「自然科学的方法」とは異なる原理に立つ独自な科学であることを説明しようとしました。これに対してヴェーバーは、その「規則」概念について批判的な考察を加えつつ、シュタムラーの議論にある混乱を細かく突いていきます。

ルドルフ・シュタムラー

とりわけ、「規則」を論ずるシュタムラーが見落としているものとして、ヴェーバーがここで強調するポイントは「格率（Maxime）」という視点です。「格率」というのは日本語になると特異な言葉でなじみにくく感じられるかもしれませんが、前段（本書八六頁）で注記したように「行為者が主観的にいだく行為の原則」というほどの意味で、それが行為者に「主観的にいだかれ」ているという語感を意識させることからカントの倫理思想（その定言命法）などでも特別に重要な術語として使われている言葉です。

シュタムラーは、「規則」を経験的に存在する社会生活の「形式（Form）」であると見て、ここに社会を対象にした「科学」の成立根拠を置こうとしました。それに対してヴェーバーは、経験的に存在するのは「規則」そのものではなく「規則」についての主観的な表象である「格率」なのであって、この「格率」が「事実上の動因」として人間の行為に作用していると見る立場です（『シュタムラー論』I-7: 538/WL: 329/142）。「格率」とは行為者が主観的にいだく行為の原則ですから、この語により行為の内面の意味から社会生活における「規則」の存在の意義を捉えるというとき、そこに解明的理解に志向する理解社会学の独自性が際立ってくるのは明らかでしょう。

「格率」と言えば、本書前段でこの言葉が登場したのは『プロ倫』の考察においてフランクリンの箴言《しんげん》に触れたときのことでした。その箇所でヴェーバーは、その箴言の価値分析から「営利活動への専心」がそこで「生活態度を導く倫理的な色彩をもつ格率」の性格をもつことを確認し、それを「資本主義の精神」の固有性と捉えたのでした。しかも、その捉え方について「ゾンバルトとの問題の立て方の違いはここにある」とわざわざ注記し、そこに理解社会学の独自性を指摘してもいたのです（本書九二頁参照）。『プロ倫』における核心問題である「資本主義の精神」、その「職業義務」という思想に直接つながるその箇所で鍵となっていた「格率」概念が、ここではシュタムラー批判の焦点になっており、それが『経済と社会』の基礎概念の編成に向けて問題化されているわけです。

このつながりを見れば、この『シュタムラー論』で「規則」とは明確に区別して「格率」が語られていることが、『プロ倫』において資本主義の組織形態とその担い手の行為動機とをはっきり区別し、動機理解という関心から「資本主義の精神」の解明的理解に進んだ、あの重要な問題設定と深く関係することは明らかでしょう。『経済と社会』の理論的な基礎形成というこの場面では、それがさらに一般化されていると見るべきで、社会の組織形態とは相対的に独立した変数として行為動機の解明的理解に取り組む理解社会学の基礎概念の構成が、ここで形をなして進んでいると認められます。独自な学問（理解社会学）の新設に向かって、汎用性の高い基礎概念の編成に際してもこのような基礎的考察が現に重ねられていることに、特に注目しておきたいと思います。

†理念型構成の展開――力動性と視野の拡張

さて、こうして『経済と社会』の基礎概念の編成という観点から立ち入って読み進めていくと、規則について論じているこの『シュタムラー論』ではもうひとつ、理解社会学にとってとても大切な「理念型（Idealtypus）」構成の含意についても特別な理論展開があることが分かってきます。

「理念型」というのは、ヴェーバーの学問に特徴的な概念構成の方法概念で、それの基本的な意味は一九〇四年に発表された『客観性』で提示されています（『客観性』I-7: 202 ff./WL: 190 ff./111 以下）。そこではそれは、例えば「自由競争」や「都市経済」や「資本主義的産業組織」など、歴史現象についての「思考によって構成される像」として、すなわち「厳密に合理的な行為」が遂行されると想定して純粋な形を作っていくと、その現象はどのように実現するのかを思考の操作によって追跡することで構成される、研究方法上の作業概念として説明されています。それは、研究の必要に沿って作られる「理念（Ideen）」の総合であり、「ユートピア」の性格をもつゆえに、現実のどこかに経験的に見いだされるようなものではないし、現実の平均的な姿というのでもなく、むしろ思考によって構成された一面的で極限の純粋型なのだと言われます。そして、そうであればこそそれは、その連関の特性を直観的に把握できるように鋭く表現し、それと比較しつつ考察すれば現実をこの上なく明瞭に理解することが出来るようになるはずの作業概念なのだとされています。この意味でそれは「理念型」と名づけられ、研究上有用な手段と位置づけられるものでした。それをまとめて『客観性』では、つぎのように言われています。

理念型とはひとつの思考形象なのであって、これは純粋に理想的な極限概念という意義をもち、それを規準にして現実（Wirklichkeit）を測定し、比較することで、その現

実の経験的内容の特定の意義ある構成部分が解明されるのである。（『客観性』I-7: 208/WL: 194/119）

これに対して一九〇七年の『シュタムラー論』では、ロビンソン・クルーソーや貨幣所有者などの振る舞いを例にとりながら、彼らの財貨や貨幣に対する態度を支配すると想定される「規則」を理論的に定式化する手続きについて、それが持つことになるもう一つの意味を論じています。

〔そこで理論的に定式化される〕その理想的な「規則」は、もしもロビンソンが端的に「目的合理的」な行為の理想に沿っていたいと望むならば、それに適合して振る舞わ「ねばならない」ところの「規範」を含んだ命題をその内に含んでいる。（『シュタムラー論』I-7: 538/WL: 329/143）

すなわち、理論的に定式化される「規則」の理想像は、一面ではもちろん『客観性』で提示された意味での「理念型」として、研究者が経験的な研究において現実を測定し比較する規準とするべく準備する予備知識や予備概念の要素となるわけですが、他面では「規範」として当の行為者ロビンソンの「格率」の要素となり、その行為の生起を促す「経験的行為の事実上の「動因」」にもなると考えられる、というわけです（『シュタムラー論』I-7: 539/WL: 330/143）。

一九〇七年の『シュタムラー論』で、このような行為者にとって「規範」と捉えられる「理想的な「規則」」の存在を概念的に捉えたヴェーバーは、一九一三年の『カテゴリー』では、さらに研究者から見た理想型としての合理性を「整合合理性（Richtigkeitsrationalität）」と名づけて概念化し、それにより理念型構成の意味を広げ、行為の合理性概念をさらに豊かに組み直していっています。このようにしてヴェーバーは、「純粋に理想的な極限概念」としての「思考形象」と言うだけではやや静態的なイメージが否めなかった〈理念型〉の理論的な構成について、それが実際に行為者の格率の要素となって行為を駆動する一動因となる場面をも想定し、逆に研究者から見て判断の手がかりとすべき客観的な整合型にも展開させて、それらの意味内容を積極的に組み込みつつ、概念編成にとてもダイナミックな力動性を付与していっていると認めてよいと思われます。

しかもヴェーバーはここで、この「規範」という動因が、他方で例えば消化器の働きを「規則正しく」するため医師が出す薬の処方なども当人にとっては同様に「規範」として働いて行為の決定要因となるように、さまざまな決定要因の一つに過ぎないとただちに指摘します。すなわち、そこで論じている「規則」の意味を、法や道徳などのいわゆる狭義の「規範」に限定するのではなく、諸団体の慣行や制定規約、政治や経済などの目的行為における行動指針、宗教などが指示する倫理的生活態度、さらには生理的・物理的事象の作動規則に至るまで視野を広げて理解して、その含意を大規模に多面的な内容に拡張しているのです。

『経済と社会』というトルソーの頭と目される一九一三年の『カテゴリー』で、その概念編成が「シュタムラーが「言うべきだったはずの」ことを示すために展開されている」とまで言うのは、このような力動性と視野の拡張を十分に踏まえてのことであると理解できます。「規則」の意味をめぐるこうした思考を通じてヴェーバーは、「一九一四年構成表」に示された理解社会学の巨大な基礎論『経済と社会』の構想に向かって、とてもダイナミックで潜在力豊かな社会学の基礎を紡ぎ出そうとしていたのでした。

要するに『経済と社会』の概念編成は、解明的理解の立場と方法を探求した『ロッシャーとクニース』（一九〇三―〇六年）、『客観性』（一九〇四年）、『批判的研究』（一九〇六年）を理論的基盤とし、ここで見てきたような規則についての考察を重ねた『シュタムラー論』（一九〇七年）を経て『カテゴリー』（一九一三年）に至り、その枠組みの基本が固められたと認められます。かくて、理解社会学という新しい学問を紡ぎ出す営みは、まずは学問方法についての基礎的な探求の軌跡として一貫して捉えられるわけです。

もっとも、そう考えると疑問として浮かぶのは、出来上がった『カテゴリー』に『シュタムラー論』では鍵概念だった「格率」という当の言葉が実は出てこないという事実のことです。すると『カテゴリー』では、その問題はどのように処理されたと考えればよいのでしょうか。ここではまずはこの視角から切り込んで、成立したカテゴリー論の意味を確認することにしましょう。

†『カテゴリー』における行為と秩序

『カテゴリー』において第一の基礎カテゴリーになっている「ゲマインシャフト行為」については、すでに触れました。それは確かに、「当人の主観において他の人間の行動へと意味の上で関係づけられている」行為として定義され、解明的理解に志向する理解社会学の基礎概念であると確認できるものでした。それを想起すれば、『シュタムラー論』において「格率」として把握された行為の主観的にいだかれた原則という問題が、この『カテゴリー』においては行為者の主観にある「意味」に包摂されうることは明らかでしょう。「格率」という言葉はなくとも、その含意が生かされうる広い行為概念が「ゲマインシャフト行為」として用意されたわけです。するとつぎの問題は、『シュタムラー論』にあっ

ゲマインシャフト行為……下の三者を包括する上位概念
- ゲマインシャフト行為……制定された秩序が欠如する場合
- ゲゼルシャフト行為……制定された秩序が備わる場合
- 諒解行為……制定された秩序は欠如しているが、あたかもそれが備わっているかのように経過する場合

『カテゴリー』における「ゲマインシャフト行為」の概念構成

た規則と格率との関係が、『カテゴリー』ではどのように受け止められているかです。

そのように問題を設定し直してみると、それに、『カテゴリー』におけるゲマインシャフト行為概念が内包する特別な性格が深くかかわっていると気づかされます。ここで「ゲマインシャフト行為（Gemeinschaftshandeln）」は、それが「秩序（Ordnung）」にもとづいた予想に準拠して方向付けられ、この秩序が合理的に「制定」されるようになると「ゲゼルシャフト行為（Gesellschafts-handeln）」と呼ばれ、またそのような「制定された秩序」を欠くにもかかわらず「そうした秩序が備わっているかのように」経過するときには、それは「諒解行為（Einverständnishandeln）」と呼ばれる、と規定されています。これがゲマインシャフト行為概念それ自体が内包する含意の展開で、その条件とされているのが「制定された秩序」の存在なのでした（『カテゴリー』I-12: 406 ff./WL: 441 ff./43 以下）。それを確認した上で、『シュタムラー論』に立ち返ると、ここでも「具体的人間の格率を構成する「知」として存

在する法の「経験的な存在」」については特別に「法秩序」と呼んでいたことに気づくでしょう（『シュタムラー論』I-7: 561/WL: 350/166）。

つまり、この「法秩序」なる概念が、『カテゴリー』では法以外の場面に一般化されて、ゲマインシャフト行為の概念に組み込まれたわけです。それにより『シュタムラー論』で「規則」と「格率」の関係に即して考察されていた問題は、『カテゴリー』では「秩序」と「行為」との関係において全面的に一般化されて受け止められることになった、と理解できます。

そして、このように「規則と格率」から「秩序と行為」という全面的に一般化された編成へと概念の枠組みを移行させると、『経済と法』という射程で法‐規則を社会生活の「形式」として論じたシュタムラーに対して、『経済と社会』に視野をまさに全面的に広げて、ゲマインシャフト行為から出発しそれがさまざまな文化領域で生み出す秩序とのダイナミックな関係を見通してそこに問いを立てていくという、ヴェーバー理解社会学の壮大な学問構想の領野が確かに開かれていくことが分かります。ヴェーバー自身は『カテゴリー』について、「シュタムラーが「言うべきだったはずの」ことを示すために展開されている」と言っているわけですが、実際にはそれをはるかに超えて、社会理論のまったく異次元というべき領野に踏み込んでいると認められるように思います。もっともわたしたちがその意味を本当に実感できるのは、『経済と社会』という巨大な著作としてその成果が示されているのを見てのことなのですが。

†秩序の合理化の逆説

ここで、前章末尾で指摘した『プロ倫』の警句を超えていく問いを想起したいと思います。そこでは、ピューリタン的な禁欲に基づく合理的行為が近代的経済秩序の「強大な秩序界」を作り上げ、それが「鋼鉄のように固い殻」となって職業人たちを拘束していると いう認識から、この状況を超える道を求めて、行為とそれが織りなす秩序との関係を全面的に拡大した視野で問うという壮大な社会学的課題が見通されていたのでした。それを踏まえて考えると、『カテゴリー』にまで至ったヴェーバーによる基礎概念の彫琢《ちょうたく》の軌跡が、その課題設定に対応しようとする彼の理論的努力の跡でもあったことがよく分かります。そんな努力の結晶が壮大な『経済と社会』というトルソーの頭をなしているというわけです。

また、そのように理解するととても含蓄深いと分かるのは、その『カテゴリー』の末尾に、「ゲマインシャフトの秩序の合理化は実際には何を意味するのだろうか」という問いが掲げられ、この問いに対する一般的な洞察がその箇所で簡潔な形で述べられていることでしょう。そこでヴェーバーが論じていることの要点は、いわば秩序の合理化が孕《はら》む逆説とも言うべき実相のことです。

挙げられている例で言えば、合理的な帳簿の作成規則や九九の演算規則を実務上巧みに使いこなしている人が、普通はその規則の根底にある簿記学の理論体系や代数学の諸定理についてまで深い知識を持つわけではないという事実などで、「社会の分化と合理化との進展が意味するのは――必ずいつもというわけではないにしても、結果においてはまったく通常の場合――合理的な技術や秩序に実際に関わる人びとが、その技術や秩序の合理的な基礎から全体としてみればますます引き離されていくということ」だ、とヴェーバーは主張しています（『カテゴリー』I-12: 437–40/WL: 471–4/120–6）。主観的には合理的に行為を遂行していると思っているまさにそのときに、その基礎にあるはずの技術や秩序（そして社会）そのものの合理性の意味が問われなくなっていくという逆説です。

興味深いのは、そんな「合理性」に立つ生活の諸条件として、資本主義的経営などの社会組織のみならず、路面電車やエレベーターなどの機器の例まで同次元の問題として持ち出して説明していることでしょう。それに刺激されつつ考えると、今日では生活を「合理的」に秩序づけているものとして、各種の社会制度のみならずスマートフォンやパソコンなどさまざまな機器が溢《あふ》れ、しかも確かにわたしたちはそれらの原理や仕組み、そしてその意味などを十分に理解しないまま、マニュアルどおりに手続きに従い、キーをたたき、それでそうした秩序や技術を「合理的」に運用していると思い込んでいることにあらためて気づかされます。

もっともスマホやパソコンなら、その技術の原理に無知であってもさして深刻な問題とは言えないかもしれません。しかし、それが社会の仕組みにつながる問題であるなら、しかも「合理的で自由」と感じているわたしたちの行為の基礎そのものに重大な欠陥があるというのなら、それを見逃している現在は実に危ういと言わなければなりません。現代社会にもますます広がっているこの意味を問わない形の合理性はどこに行くのか。理解社会学が合理化を問うというのは、このような秩序や技術の意味とそれを遂行する行為の合理性との狭間に立って、そこに生ずる乖離《かいり》やねじれや逆立を含む動態の意味を丁寧に問うていく営みとなる。そうしたことが、この『カテゴリー』の末尾には示唆されていると理解できるでしょう。この問題については後段であらためて触れたいと思います。

ともあれ、この『カテゴリー』が、『経済と社会』という壮大なトルソーの頭なのだということです。とすれば、『経済と社会』という基礎論の著作では、ゲマインシャフト行為から出発しそれがさまざまな文化領域で生み出す秩序とのダイナミックな緊張関係を見通しつつ合理化の行く末を広く問う、そうした考察に向けてそれに資する準備が多岐にわたり豊富に設《しつら》えられていると期待できるでしょう。『カテゴリー』からはそんな見通しが得られて、いよいよ『経済と社会』本文に取り組む道が開かれていきます。

3 『宗教ゲマインシャフト』の成り立ち

†『宗教社会学』とされる章

とはいえここでは、壮大な『経済と社会』の全体をまるごと読解の対象にするのではなく、その中の『宗教社会学』とされている章（以下では『宗教』と略す）を特に取り上げて集中的に考えたいと思います。(3) このような議論の限定は、あまりにも大きな著作群の全体をこの小さな新書で扱うのはやはり無謀だというやや消極的な理由もありますが、それだけでなくヴェーバーの理解社会学を統一的に理解するためにはどうしても通らねばならない扉の鍵をここでひとつ開けておきたいという特別な理由もあるのです。それにはこの著作に関わるいくつかの事情が絡んでいます。

そのひとつは、本書前段で見たように理解社会学には『プロ倫』（一九〇四－〇五年）という大切なモノグラフがその先頭にあり、また後段で見るように後期にはもうひとつの主著である『世界宗教の経済倫理』（一九一五―二〇年）という宗教社会学上の諸論考があって、『経済と社会』に含まれる『宗教社会学』とされる章（一九一一―一三年頃執筆）はその両者を橋渡しするものとして、理解社会学の展開の重要なステップになっているはずだということです。

それに加えて、理解社会学という学問をひとつの〈思想〉として見ると、『プロ倫』の読解ですでに予感されるように、宗教上の事象と思想に関わるところで核心的な深化を遂げており、それらの事柄については主としてこの『宗教社会学』とされる章で理論的な考察がなされているということがあります。それゆえに、理解社会学の全体像をひとつの社会思想として見通し理解するためには、このテキストの基本部分をしっかり確認しておくことがどうしても不可欠と言わねばならないのです。

それにもかかわらず、この『宗教社会学』とされる章にはもうひとつ、それ自体がさまざまな問題を孕んだ不完全なテキストとして現存しているという、やっかいな事情があります。『経済と社会』という著作が全体として遺稿であるということはすでに述べました。この章についてももちろんそうで、しかもこれは外見からして明らかに未完であり、その末尾が尻切れであるだけでなく、論述に飛躍のある箇所があったり、一と二が記されていないのに突然「第三の」と始まる箇所があったり（『宗教』I-22-2: 414/WG: 367/304）と、あれこれ不完全なテキストであることは間違いないのです。

しかももっと困るのは、テキストの不完全性を補正するという意図があったのでしょうが、公刊時に初版編者のマリアンネ・ヴェーバーや第四版以降の編者ヴィンケルマンが原稿にかなり手を加えている形跡があることです。もちろん記述そのものが書き換えられているとまで疑うのは困難なのですが、問題は構成にあって、全集版編者が指摘するように、章全体のタイトル、節や項の分け方およびそれらのタイトルはヴェーバー自身のものとは認めがたく、「それら見出しの真正性については、テキスト自体の検討を通じてさらに解明を追求できる」(MWGA I-22-2: 106)と言わねばならないのです。

それゆえ、理解社会学の統一的理解にとって避けて通れないこの章については、それにもかかわらずテキストそのものの検証が不可欠であり、その行論の内容を理解するための読解と並行して、あるいはむしろそれに先立って、メインタイトルおよび節や項の編成とそのタイトルを再検討し確定する作業が進められなければならないわけです。これまでのところこうしたことがほとんど議論されてこなかったので少しやっかいなのですが、わたしの見るところ、こんな基本中の基本であるテキストについての意外な議論の欠落も、理解社会学の方法的立場についての認識の弱さと深い関係があると認められます。そうであれば、それへの入門を志す本書でもこの議論は避けて通ることができないと思います。

†主題としての「宗教ゲマインシャフト」

そこでまずは章のメインタイトル、つまり主題とは何かですが、これまで通用してきた『宗教社会学』というタイトルは、それこそ初版刊行時に初めて編者の手で掲げられたもので、この部分は前段（本書一三五頁）で見た「一九一四年構成表」では「5　宗教ゲマインシャフト」と呼ばれていました。そして確かにこれは、「宗教社会学」一般の独立した概説ではなく、理解社会学の著作と認められる『経済と社会』の一章であって、すでに見てきたように『カテゴリー』で提示されたゲマインシャフト行為を第一の基礎カテゴリーとする論説となっています。そうであればこの章は、「一九一四年構成表」の表記をまずは尊重し、ゲマインシャフト行為の連接という広い含意から「ゲマインシャフト」の意味を捉えてそれを前面に明示すべく、全集でもそうしているように『宗教ゲマインシャフト』と名づけられるのがよいだろうと思います。

ヴェーバーはこの『宗教ゲマインシャフト』の論述を始めるに当たり、冒頭でそのタイトルに応じた主題を、「宗教の「本質」ではなく」、前段で見たように「それに関わる個々人の主観的な体験や表象や目的から――「意味」から――のみそれを理解できるような、特定の〔宗教的な〕種類のゲマインシャフト行為の条件や働きである」（『宗教』I-22-2: 121/

WG: 245/3）と言って、確かに理解社会学の立場から特定していました。しかも、ここで言われる「それに関わる個々人」については、つぎのような記述がただちに目につきます。

預言と祭司階級は、宗教倫理の体系化と合理化の二つの担い手である。だが、それらと並んで、預言者や祭司が倫理的に働きかけようとする人びとの影響が、発展を規定する第三のファクターとして重要である。すなわち、「平信徒」である。（『宗教』I-22-2: 177/WG: 268/62-3）

なるほど、宗教的なゲマインシャフト行為の担い手もここで明示されているのでした。このように、まずは章のタイトルをめぐって理解社会学の方法的立場からごく基本的な確認を始めてみると、それだけでも主題の構成が大まかには浮かび上がってくると認められます。すると、ここではそれを、どのような議論の筋道で論じているのでしょうか。

†宗教的行為の此岸性と彼岸性

ヴェーバーは、この章の冒頭で「特定の種類のゲマインシャフト行為の条件や働き」という主題を述べた後に、ただちにつぎのように言います。

宗教的ないし呪術的に動機づけられた行為は、その初動的な形態においては此岸的に遂行されている。（『宗教』I-22-2: 121/WG: 245/3）

これは、扱う対象が「宗教的ないし呪術的」という意味で「特定の種類の行為」であり、しかもそれを「動機づけ」の面から捉えるという点で、理解社会学からの考察の始点をもっとも端的に示したものと確かに認められます。

このように論じ始められる冒頭の節は、第一版編者マリアンネがつけた「諸宗教の成立」という節タイトルが疑われず認められてきてしまったために、宗教史的な観点から宗教の成立を論じたものと誤解されることの多い箇所でした。しかし理解社会学という学問の性格をしっかり把握するなら、この一文は「宗教史」のではなく〈動機〉の起点を指摘していると理解できるでしょう。これは宗教的・呪術的行為が普通はどのように動機づけられて始まるかを一般的に認定した言明であり、理解社会学の考察もここから始動するのです。そこで、この出発点からまずは大まかに『宗教ゲマインシャフト』の全体を展望してみると、このように宗教的・呪術的行為の動機の起点（そして考察の始点）を「此岸的」と認めていることが、この章全体の論述構成にとっても特別に重要な意味をもっていると分かります。

この『宗教ゲマインシャフト』は、すでに見たように「一九一四年構成表」では「5　宗教ゲマインシャフト」とされている部分で、ここには章のタイトルとともに特別に「宗教の階級的被制約性、文化宗教と経済心術」とその章の内容に踏み込んだ記載があります。これを丁寧に読めば、前者の「宗教の階級的被制約性」とは現世（此岸）での生活形態（階級性）が宗教をどのように規定するかという問題であり、後者の「文化宗教と経済心術」とは逆に宗教の性格が現世（此岸）における経済活動に臨む人々の精神態度（心術）をどのように規定するかという問題であって、この章ではこれらを前半と後半とに分けて論述を進めると予示していることが分かります。

そこで、まずは『宗教社会学』と名づけられていた『経済と社会』の第一版以来の節編成に沿って、編者たちが提案するこの章の節目次を見てみましょう。それは次頁の表の通りです。

この一覧を見る限り、「第一〇節　救済方法とそれの生活態度への影響」以降を後半と見なすことができて、確かにこの後半の三節では宗教（による救済）の性格が現世での生活態度をどのように規定するかを論じていると認められます。そうした認定は記述に立ち入っても確かめることができて、前半の末尾である第九節の最後ではつぎのように述べら

『宗教社会学』

第1節	諸宗教の成立
第2節	呪術師―祭司
第3節	神概念。宗教的倫理。タブー
第4節	「預言者」
第5節	教団
第6節	聖なる知。説教。牧会
第7節	身分、階級と宗教
第8節	神義論の問題
第9節	救済と再生
第10節	救済方法とそれの生活態度への影響
第11節	宗教的倫理と「現世」
第12節	文化宗教と「現世」

現行版『宗教社会学』節目次

れています。

〔彼岸を思う〕救済への願望は、それがどんな性質のものであろうと、生における実践的態度に重要な結果をもたらす限りで、本質的にわれわれの考察の対象となる。そうした救済への願望がそのようにポジティヴな此岸に反転した影響力をもっとも強力に示すのは、当の宗教の中心的な意味とか積極的な目標により支えられて、特殊に宗教的に規定された「生活態度」を生み出すことによってである。（『宗教』I-22-2: 304/WG: 320/191-2）

ここでヴェーバーは、後半で宗教の特性からどのような生活態度が形成されるかを見通して問題化するべく、議論そのものの此岸への再反転に注意を促しているわけです。

すなわち、『宗教ゲマインシャフト』前半部の議論は、此岸の動機から出発して彼岸に向かい最後にまた此岸への再反転を指示する形になっているわけです。とりわけそのはじめの部分では、此岸から出発しつつ此岸を超えた領野に思考を差し向け、そこに宗教領域の問題を開いているのです。とすればこの前半部の議論は、こうした此岸から彼岸を見通した領野（この意味で宗教領域）に関わる人間たちの営みを、ゲマインシャフト行為という観点から捉えてその意味を解明的に理解するための基礎理論だということになるでしょう。するとその議論は、ここでどのような論理をもって進められているでしょうか。

宗教的行為の合理性と知性主義

そこで『宗教ゲマインシャフト』の冒頭に戻ります。その冒頭で宗教的・呪術的行為の動機の起点が「此岸的」であることを確認したヴェーバーは、続けてつぎのように言います。

> 宗教的ないし呪術的に動機づけられた行為はさらに、まさにその初動的な形態において、少なくとも相対的には合理的な行為である。たとえそれが、必ずしも手段と目的

に即した行為でないとしても、経験的規則に従った行為ではあるのである。『宗教』I-22-2: 121/WG: 245/3-4)

宗教的ないし呪術的な行為の起点というと、とりわけその「初動」的な形態というときには、わたしたちはとかく古い時代の「迷信」を想起し、一般に「非合理的」なものと考えたりするのではないでしょうか。そんなことを予想しながらヴェーバーは、それに対して「少なくとも相対的には合理的な行為」だと言っているのです。今日の観点から見て目的に適合した手段を選んでいなくても（雨乞いの祈禱《きとう》などを想起しましょう）、当人たちにとっては経験から得られた規則に従っている、この意味で合理的な行為と認められるというわけです。これも、理解社会学の方法的立場にとって重要な観点でしょう。つまりこれは、そうした行為も行為者本人の主観における合理的な意味のつながりという観点から意味連関を理解できる、という基本認識の表明なのです。

そこでヴェーバーは、まず第一節において、この観点から宗教的・呪術的行為の合理的な意味連関を理念型的に追跡し、そこに構成される非日常的な宗教領域の諸観念を確認していきます。ここに生まれてくる観念は、精霊、霊魂、超自然的な力、そして象徴機構、神々、その神々が構成するパンテオン（万神殿）、さらには一神教です。こうした諸観念の生成の考察をもってヴェーバーが確認しているのは、理解可能な形で「宗教領域」が日常の思考から分離し、やがて相対的には自立した観念世界を構成するようになっていくということです。それは「宗教領域の分立化」と名づけていい事態だと認められます。このようにしてヴェーバーは、宗教領域を解明的理解の対象として確定しているのです。

宗教領域を分立化する観念世界として捉え、これを合理的に理解可能な対象とするというこうした考察の構えは、『宗教ゲマインシャフト』が理解社会学の全体にとって果たす特別に重要な役割を際立たせることになります。ここではこの考察の構えをもって、祭司、預言者、平信徒と、順次この宗教領域の担い手に接近し、それぞれの合理性に即してそうした担い手たちの精神生活の理解に努めて、その宗教的・呪術的行為の解明へと考察が進められます。そしてその極点において、他の社会科学の方法をもってはおよそ接近しえないような理解社会学ならではの考察対象として、社会的行為として自覚的な行為の形である「知性主義（Intellektualismus）」に大きな関心を寄せ、これを議論することになるからです。ヴェーバーはそのことの意義を、つぎのようなかなり強烈な言葉をもって強調しています。

諸宗教の運命は、そこにおいて知性主義がどのような道をたどるか、またその知性主義が祭司階級や政治権力に対してどのような異なった関係をもつかという点に、とてつもなく大きく（in außerordentlich weitgehendem Maße）制約されており、また後者の関係が、その知性主義の特別な担い手だった人びとがいかなる階層の出身であるかによって、同様にとてつもなく大きく左右されている。（『宗教』I-22-2: 266/WG: 304/152）

この見地から出発してヴェーバーは、知性主義についての基本的な問題構成を語り、特に西洋における知性主義の特質と展開を語り、それを神義論問題と宗教的救済の議論に結びつけていくのです。こうした知性主義についての議論は『宗教ゲマインシャフト』において特に集中して語られる論点で、このテキストの重要な意義のひとつがここにあるとわたしは考えます。この点については後段でもう少し敷衍《ふえん》しましょう。

†『宗教ゲマインシャフト』の節構成

ともあれこのように見てくると、この『宗教ゲマインシャフト』というテキストの議論の構成についても、大まかにはその骨子が分かってくるように思えます。そこで、マリアンネが提案しこれまで踏襲されてきた節構成への対案として、ここまでの考察を踏まえたわたしなりの構成案を提案することにしましょう。

もちろんそれが正しいと主張するためには、実際にテキストそのものを十分に読み込み、その内容に即した案であることを精細に確証しなければならないわけで、わたしとしてはその点はしっかり確認したつもりです。もっともこの小著では、それを確かに証明したと言うのに十分なほど内容読解のスペースを割けないので、代替として、このテキストの全パラグラフにそれぞれの内容を表示するタイトルを付し、その一覧を巻末に提示することにしました（本書二八一頁）。これも一解釈なので、読者のみなさんには、出来ればそれを参照しながらご自身でテキストそのものを精読し追検証していただきたいと思います。あるいは、そこまでは出来ないと思われる方は、とりあえずわたしが作成したパラグラフタイトル一覧表を参照して、それでテキストの内容を概観し、その内容とここで提案する節構成との適合性を吟味していただければと思います。

わたしの提案は次頁の表の通りで、対比のためマリアンネ案を横に並べておきましょう。

変更点は、大きく言えば三点です。

その一点目は、マリアンネ案での「第二節　呪術師―祭司」と「第三節　神概念。宗教的倫理。タブー」、および「第五節　教団」と「第六節　聖なる知。説教。牧会」とを、それぞれ合体させ、「第二節　祭司と宗教倫理」、「第四節　教団」としたことです。宗教的なゲマインシャフト行為の担い手として指示されているのが預言者、祭司、平信徒であ

中野案 『宗教ゲマインシャフト』		マリアンネ案 『宗教社会学』
第１節　宗教領域の分立化	←	第１節　諸宗教の成立
第２節　祭司と宗教倫理	←	第２節　呪術師―祭司
	↖	第３節　神概念。宗教的倫理。タブー
第３節　預言者	←	第４節　「預言者」
第４節　教団	←	第５節　教団
	↖	第６節　聖なる知。説教。牧会
第５節　平信徒―身分、階級	←	第７節　身分、階級と宗教
第６節　知性主義と神義論・救済	↖ ←	第８節　神義論の問題
	↖	第９節　救済と再生
第７節　救済方法と生活態度	←	第10節　救済方法とそれの生活態度への影響
第８節　宗教倫理と現世	←	第11節　宗教的倫理と「現世」
第９節　文化諸宗教と現世	←	第12節　文化宗教と「現世」

『宗教ゲマインシャフト』の節構成、中野案とマリアンネ案

ることは、すでに見ました。この『宗教ゲマインシャフト』の全体では、それらに加えて彼らの行為が交錯する場としての「教団」までを主たる考察対象とし、その四つに応じて節が立てられている、そう考えると行為理解を考察の基本線とする理解社会学として自然でしょう。

　これに対して、その間に挟まれているように見える「神概念。宗教的倫理。タブー」と「聖なる知。説教。牧会」という事柄は、それぞれ祭司および教団に関わる人びとのなすゲマインシャフト行為の意味として現れてくるところのものです。それゆえこの両者はそれぞれ「祭司と宗教倫理」および「教団」という節の中に組み入れ、第二節から第五節まで節

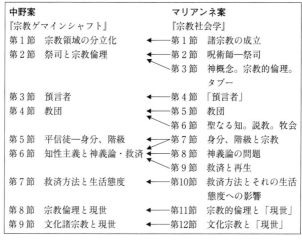

構成の流れを宗教的行為の担い手に即して組み立てられているものとシンプルに捉えていくのがよいと考えます。

また二点目は、マリアンネ案では「第七節　身分、階級と宗教」の中に埋め込まれてしまっている「知性主義」に関わる議論を独立した論点として分離し、この知性主義の展開として「神義論」の問題や「救済と再生」への希求をも捉えて、これらを一体とした独立の節（「第六節　知性主義と神義論・救済」）を立てるという変更です。ここでの「知性主義」に関わる議論は、実際には祭司階級の知性主義から始められていてそもそも内容的に「平信徒」の節に収まるものではなく、諸宗教の運命が知性主義に「とてつもなく大きく左右された」と認めるにふさわしいだけの大きな射程をもっています。ですから、『宗教ゲマインシャフト』全体の議論のちょうど中間点（結節点）にこの知性主義の問題が位置づけられていることはとても重要で、それをマリアンネ案のように「身分、階級と宗教」の議論に埋没させてはならないはずです。そこで、「知性主義」の議論は、「神義論」問題や「救済と再生」の問題とセットの独立した節として、この位置に置かれていたと考えるのが合理的と思います。

そして三点目は節タイトルの問題で、「諸宗教の成立」を「宗教領域の分立化」に、「身分、階級と宗教」を「平信徒―身分、階級」にと、その表現の変更を提案しています。第一節が「諸宗教の成立」と名づけられて宗教史の議論との誤解を生んだ経緯についてはすでに述べましたし、ここでの議論が「宗教領域の分立化」と名づけられていいという点も説明しました。また、ゲマインシャフト行為の担い手として、預言者や祭司と並んで挙示されているのは「平信徒」であることについてもすでに触れています。こうしたことから節タイトルについても、それに応じた表現に修正するのが不可欠だろうと考えるのです。

というように、これもまずは一つの解釈であり私案にすぎないと認めてもよいのですが、このように節構成と節タイトルを変更すると、『宗教ゲマインシャフト』は理解社会学として方法的に一貫した構成と内容をもって論述されていることが大変明確になる、とわたしは考えます。

すると、このような構成で見ると、そこからいかなる思想が読み取れるのでしょうか。本節の冒頭で『宗教ゲマインシャフト』というこの論考が、理解社会学の展開という観点から見ると、先頭にあった『プロ倫』（一九〇五年）ともうひとつの主著である『世界宗教の経済倫理』（一九一五―二〇年）との間をつなぐ結節環になっていると言いました。そこで、その観点から特に重要と思われるポイントに絞り、節をあらためて『宗教ゲマインシャフト』が語る〈思想〉に立ち入り考えてみることにしましょう。

4　宗教倫理への問いを定位する――救済宗教への視角

†マルクス／ニーチェを超えて

『宗教ゲマインシャフト』が、此岸の動機から出発して彼岸を見通した「宗教領域」を分立化させつつ、その彼岸の極から反転してそれが此岸へと影響を及ぼすようになるという、ダイナミックな議論の構成をもって成立していることをこれまで述べてきました。この「此岸」と「彼岸」という議論の構成を、ここで社会科学の研究方法論という見地からあらためて考えてみると、そこにマルクスの唯物論的歴史観に発するいわゆる「土台－上部構造」論を想起させる問題視角の影があることに気づかれるかもしれません。ここでヴェーバーがマルクスと、そしてニーチェを意識しつつ議論しているのは明らかで、この『宗教ゲマインシャフト』の全体構成が示す方法論上のこうした構えに、このテキストが提示する第一の思想問題があると見ることができます。

「土台－上部構造」論というのは、全体社会をひとつの社会構成体として捉える理論図式で、この図式においては、社会の物質的な「土台」として経済的な生産諸関係があって、この土台がその上にそびえる精神的な「上部構造」である政治的・社会的・文化的な関係を規定すると考えられています。この唯物論的歴史観についてヴェーバーは実は『プロ倫』の末尾ですでに触れていて、禁欲的プロテスタンティズムの価値分析、その心理的駆動力の解明的理解を方法上の基軸とする自らの『プロ倫』での考察が、それとはちょうど逆の「文化と歴史の唯心論的な因果的解明」（『プロ倫』I-18: 490/RS I: 205/369）と見られてしまうだろうことを認めています。もっとも、そこでそれを認めるヴェーバーの真意とは、マルクスの「唯物論」に対抗する形で「唯心論」をポジティヴに立てるということではなく、「物質面」からの考察であれ「精神面」からの考察であれ「両方とも等しく可能だ」（同所）という認識の表明であり、『プロ倫』ではこの両方からの考察を宿題として残すという宣言なのでした。

カール・マルクス

それを想起すると、行為者たちの社会的存在形態（此岸）から出発して、精神的な「彼岸」におよぶ宗教領域を論じ、それが反転して「此岸」の行為者たちの現実の生活態度を規定するさまを問うこの『宗教ゲマインシャフト』は、まさに「両方」からの考察を実際に一連のものとして実行する形を見せているわけで、ここに『プロ倫』の宿題を果たす枠組みが確かに示されていると認めることができます。もちろんその内容の真価についてはさらに丁寧な検証が必要でしょうが、ともあれそれによりヴェーバーはここで、マルクス的な「土台－上部構造」論を超える方途を実質的な形で開いていると言ってもよいと思います。

しかも、それを理解してその行論にさらに立ち入ってみると、ここではマルクスと、そしてニーチェを意識して彼らを乗り越える考察がもっと前に進められていると分かります。それは例えば「平信徒」の節で、特別に市民層の宗教性に立ち入り、またとりわけ「消極的に特権づけられた層」（さまざまな被差別者たち）の宗教性に立ち入って、その階級性や被差別者の報復願望と彼らの救済宗教性との関係を丁寧に考察するところなどで具体的に示されます。その考察はまさにマルクス的な経済決定論を超え、経済的な「土台」の作用の多義性を実際に考察に付していて、その観点から社会科学の視野を大きく拡張しようとするものと認められます。そこでヴェーバーは例えばこう言います。

> いかなる種類の「資本主義」も、それが存在するということだけでは、統一的な倫理を生み出すのに決して十分でないのは明らかだし、いわんや倫理的教団宗教性をそれ自身の内から生み出すのに十分でないのは明らかである。資本主義の存在それ自体の

作用は明らかに一義的ではないのだ。(『宗教』I-22-2: 238/WG: 292/124)

また特にニーチェについては、その「ルサンチマン」説に触れて、ユダヤ教の内部に向かうヤハウエの約束が「ルサンチマン道徳」の特徴を強烈に帯びていることを認めつつ、救済の要求や神義論などが一般に、「消極的に特権づけられた層を基盤にのみ成立するとか、ましてルサンチマンからのみ成立するとか、それゆえもっぱら「道徳における奴隷の反乱」の所産であるとか考えるとすれば」、それは「ひどい誤りであろう」と強い言葉で否定しています(『宗教』I-22-2: 263/WG: 303/150)。

フリードリヒ・ニーチェ

マルクスとニーチェと言えば、その資本主義批判や西洋近代の文化批判の重要性が認められて、それらをヴェーバーと対比し、あるいはそれらのヴェーバーへの接続や影響を論ずる議論がこれまで繰り返しなされてきました。そうした議論によって、ヴェーバー研究においても彼らの思想の意味を深く受けとめる道が開かれ、ヴェーバーの学問自体の理解もまたさまざまに深まってきたのはやはり間違いのないところであるとは思います。しかしそこでわたしがさらに考えるのは、それを言うならヴェーバー自身が書いているところをもっとしっかり読み込むべきで、ヴェーバー理解社会学においては、マルクスとニーチェを意識的に受けとめているばかりでなく、この両者を乗り越える批判まで現になされており、それがさらに進んで、彼らには取り組みえなかったまったく独自な次元の問いが切り開かれているということです。

それを直接に理解できるのがわたしたちが問題にしている『宗教ゲマインシャフト』であって、ここでは、「土台‐上部構造」論には還元できない文化・思想領域の相対的に独立した展開への視野と、その領域で成立する独自な次元の問いが、確かに積極的な議論の形で提示されていると認められます。そのための重要な布石のひとつが、節構成のマリアンネ案では後景に退いて見えにくくなっている「知性主義」への論及なのです。

†知性主義という視角

ヴェーバーはそこで、宗教に託される「救済」や「倫理」への希求が消極的に特権づけられた層（被差別者たち）や市民層の置かれた社会状況から生まれることを一方で認めつつ――つまりニーチェやマルクスを意識しつつです――、そうした希求の生まれるもうひとつの源泉として「知性主義」を挙げています。

もうひとつの源泉とは、知性主義、純粋にそれ自体。これは精神の特別な形而上学的要求であって、精神がそのように倫理的・宗教的な問いに思い煩うのは、決して物質的な困窮に迫られてのことではなく、むしろ世界をひとつの意味深い秩序界（ein sinnvoller Kosmos）として捉え、その秩序界に対して自らの立場を確立するという、自己の内的要求によってのことである。（『宗教』I-22-2: 265/WG: 304/152）

知性のこのような要求に注目し、それが諸宗教の運命を（「とてつもなく大きく」!!）制約している事態を社会科学的思考の対象に据えようというのであれば、まずは学問方法の特性という点からみて、解明的理解を方法の基軸とする理解社会学こそがそれに挑み、可能にするはずでしょう。解明的理解というのはすでに見てきたように行為の意味をその内面の動機に即して追尾する営みですから、宗教的行為への一般的な動機として知性の働きを問う場合にも、その内的な意味を明らかにする特別な通路であると認められます。理解社会学だからこそそれは課題として意識され、この課題がまた理解的方法を求めている、ということです。

もっとも、目下の『宗教ゲマインシャフト』の文脈でヴェーバーが特にこの知性主義を重視するのは、それが宗教に託されている特別な要求である「救済」への志向と、そこに生まれる「倫理」の生成に対してとりわけ重要な役割を果たしていると考えられるからでした。ここでまた、前節で検討した『宗教ゲマインシャフト』の節構成の中で、知性主義がどのような位置に置かれて論じられていたかを確認しておきましょう。此岸の動機から発した宗教的行為が彼岸に開かれた領野に宗教領域を分立化させ、それが彼岸の極から反転して此岸の生活態度に影響を及ぼしていくという、全体の議論の転回点にこの知性主義をめぐる考察が置かれていることが重要です。それは、「救済」への志向が現世の生活態度を規制する「倫理」の創出へと反転する、まさにその結節点なのだからです。

　ヴェーバーは、このように知性主義を問題とすべき場を指定した上で、その知性主義がどんな条件を持っているときに、あるいはどんな条件によって、此岸である現世を超越する救済（救済宗教性）を志向するようになるのかと考察を進めています。

　その第一に挙げられるのは、ある社会で社会的に特権を持つような中核的な階層の出自にありながら、なんらかの理由により政治的場面から隔離され、そのため知的教養の方はむしろ高度に突き詰められて、この知の達成が此岸（現世）の世界での実践活動（名声や栄達や富貴の達成）よりずっと重要な意味を持つと感ずる人びとが出てくる場合です。此岸のことより大切な彼岸への救済の構想が必ずここから生まれるというわけではないけれど、それが支配的な思潮になっていくのはこのような場合のことが多い、とヴェーバーは言います（『宗教』I-22-2: 269/WG: 306/157）。

また第二に挙げられているのは、知性主義の中心的な担い手である知識人の救済への要求がつねに「内面的困窮」からの救済であり、それゆえ生活から遊離してしかも原理的な性格をもつようになるという点です。ここでヴェーバーは、呪術的なものへの信仰を否定する「脱呪術化」について触れ、この脱呪術化が徹底して進んだ時代（近代）においてはあらゆる事象が呪術的（有機的）な意味連関を失うゆえに、世界全体を有意味に秩序づけられたものと捉えたい知識人たちの原理的な要求がますます切実なものとなる、と強調しています（『宗教』I-22-2: 273/WG: 308/160）。

そして第三に挙げられているのは、第一の特権層とは逆の、むしろ差別されネガティヴなランクに位置づけられた人びとの場合です。とりわけ「賤民」の知性主義についてヴェーバーは、「社会的階級序列の外、ないし最下位の層」に属するがゆえに、「彼らは、秩序界の「意味」に対して慣習に縛られない独自な態度をとることができ、物質的なものへの顧慮に妨げられることなく強い倫理的・宗教的なパトスを発揮することができる」と指摘します。徹底して差別される存在であればこそ彼らは、「社会的慣習に対してア丶ル丶キ丶メ丶デ丶ス丶の点に立っている」（『宗教』I-22-2: 274/WG: 308/162）。ここでは、こんな強く印象に残る言葉をあえて使ってそれが語られています。

　このように極限類型を想定し、また構成しながらヴェーバーが考えているのは、此岸（現世）を超えて希求される救済への志向の始動であり、そこに既存の慣習に縛られない世界像の革新が起こり、それが新たな倫理的要求を生んで生活態度の刷新につながっていくという一連の思想連関の可能性に違いありません。その連関全体に知性主義が重要な役割を果たす、そう考えればこそ、『宗教ゲマインシャフト』の論述全体にとってきわめて大切な結節点にそれは置かれ、丁寧な考察がなされているということです。

†神義論と救済論

　このような知性主義の考察を経て、『宗教ゲマインシャフト』がつぎに論じているのは「神義論（Theodizee）」のことです。「神義論」というのは、神概念の卓越化、普遍的で超世界的な統一神という方向にそれが純化するにつれて現れてくる問題で、そこに意識されるようになる普遍的に卓越した神の存在と、その神が創造し支配するはずのこの世界の不完全性という事実とが、どうして矛盾しないのかという疑問に応答しようとする議論です。万能なはずの神がどうして（不義が栄え、義人が報われぬことも多い）こんな不完全な世界を作ったのか、この問いに合理的な答えを与えようというわけです。そんな問いの意味を知るなら、これは確かに此岸と彼岸とを知性により統一的に理解しようという要求の極限に生まれてくる問題であり、その要求を内面から理解しようとするこの学問の基本視角からすれば、こうした神義論への関心が、直前で論じられている知性主義に接続して出てくることは当然の議論の流れと認められるでしょう。

そして、それに続いて『宗教ゲマインシャフト』の考察は、いよいよ「救済」という問題に進んでいきます。すなわち、これも全体としては此岸と彼岸との関係づけという議論の見通しの中にあり、神義論についての考察がそれの知的な関係づけという関心からのことであったのに対して、「救済」をめぐってはさらに進んでその実践的な連関が問われることになります。その考察を始めるに当たってヴェーバーは、理解社会学がそうした救済を対象とすることとの意味をつぎのように語っています。

〔彼岸を思う〕救済への願望は、それがどんな性質のものであろうと、生における実践的態度に重要な結果をもたらす限りで、本質的にわれわれの考察の対象となる。そうした救済への願望がそのようにポジティヴな此岸に反転した影響力をもっとも強力に示すのは、当の宗教の中心的な意味とか積極的な目標により支えられて、特殊に宗教的に規定された「生活態度」を生み出すことによってである。(『宗教』I-22-2: 304/

WG: 320/191-2)

考察対象である「救済」への特別な関心がこのようにまとめられると、これが、「社会的行為を解明しつつ理解し、それによりその経過と働きについて因果的に説明しようとする学問」とされる理解社会学のまさに本旨に沿った問いの形になっていることが、よく分かると思います。救済を求める願望は、当該宗教の中心的な意味や積極的な目標に触れ、そこから意味づけられることにより当人の行動を駆動する強い動機となって、その宗教に規定された倫理的な生活態度の独特な形が生み出される。この宗教的行為の動機連関を解明的理解の方法で因果的にたどっていくこと、ここにこそ理解社会学に固有な課題があり、それを可能にする理解的方法の独自な意義もある、と認められるのです。

†宗教倫理への問いの定位

ここでまた、前章の末尾で析出した二つの方向への問い、すなわち『プロ倫』末尾の警句を受けてそれを超える方途を求めるべく立てられた二つの課題を想起したいと思います。そのうちで、行為と秩序の関係を拡大された視野で問うという課題については、本章の第1節と第2節で『経済と社会』という著作の成り立ちについて立ち入って検討し、そこで受けとめられていることを確認しました。ここで考えたいのはもう一つの課題、すなわち『プロ倫』で解明的理解の対象とした禁欲的プロテスタンティズムの倫理の行方を踏まえ、考察の視野を他の宗教倫理に広く拡張して、それらから生まれる生活態度、その行方を展望するという課題のことです。

『宗教ゲマインシャフト』についての考察をここまで進めてくると、その論述が、まさにこの宗教倫理への問いという核心問題を理解社会学の中核に据える試みであるとよくお分かりいただけたのではないでしょうか。論述を進める前提にある議論全体の枠組み、すなわち、此岸の動機から出発して彼岸を見通した「宗教領域」を分立化させつつ、その彼岸の極から反転してそれの此岸への影響に戻ってくるという、この「此岸‐彼岸」を相互に見通した議論の枠組みについては、すでに繰り返し述べてきました。その枠組みに沿った論述をここまで追跡すると、此岸の動機に発した宗教的志向がさまざまな救済への願望を負いつつ彼岸に思いを馳せる救済宗教を成立させ、それが反転して此岸への倫理的要求に結びついて、そこからさまざまな生活態度が生まれてくる実相を解明するという、宗教倫理を問うその関心の構図がそこにはっきり見て取れます。これは、確かに『プロ倫』で残された宿題に応えるものに違いありません。

しかもこの箇所でヴェーバーは、そこに生まれる倫理的要求の色調について、つぎのような見通しを示しています。

神の思想および罪の思想のさまざまな倫理的色調は、「救済」への努力ともっとも緊密な関係にあり、この努力の内容は、人が「どこから」、そして「どこへ」救済されようとするかによって、まったくさまざまな色調をとりうるのである。(『宗教』I-22-2: 301/WG: 319/189)

ここには、「さまざまな色調」をもった宗教倫理への広い視野が開かれており、またそれら全体を比較の視座から捉えていく「比較宗教社会学」の起点が示されていると見ることができるでしょう。実際、ヴェーバーはこれを受けて、次節(わたしが提案した節構成案では「第七節　救済方法と生活態度」)から、救済方法論の多様な形を広く見通してその生活態度への影響を考える〈比較〉の議論を開始していくのです。

それを確認してみると、本章第3節の冒頭で述べたこと、すなわち『宗教ゲマインシャフト』がヴェーバー理解社会学の生成と展開において重要なステップになっているということが、またよく分かるように思います。間違いなくここでの論述は、理解社会学の実質的に最初の成果であった『プロ倫』を踏まえ、またそれが残した課題を引き受けて、それを後期の主著となる『世界宗教の経済倫理』につないでいくための比較宗教社会学の基礎理論になっているのです。

そうであるならば、ヴェーバー理解社会学の後期の展開を知るためには、この『宗教ゲマインシャフト』での基礎理論を出発ベースに置き、それを踏まえて比較宗教社会学の全体像を見るべく『世界宗教の経済倫理』の読解に進むのがいいでしょう。そこで章をあらため、最後に、ヴェーバーにおける理解社会学の到達点を見定めるために、その仕方で比較宗教社会学の諸著作に取り組んでいきたいと思います。

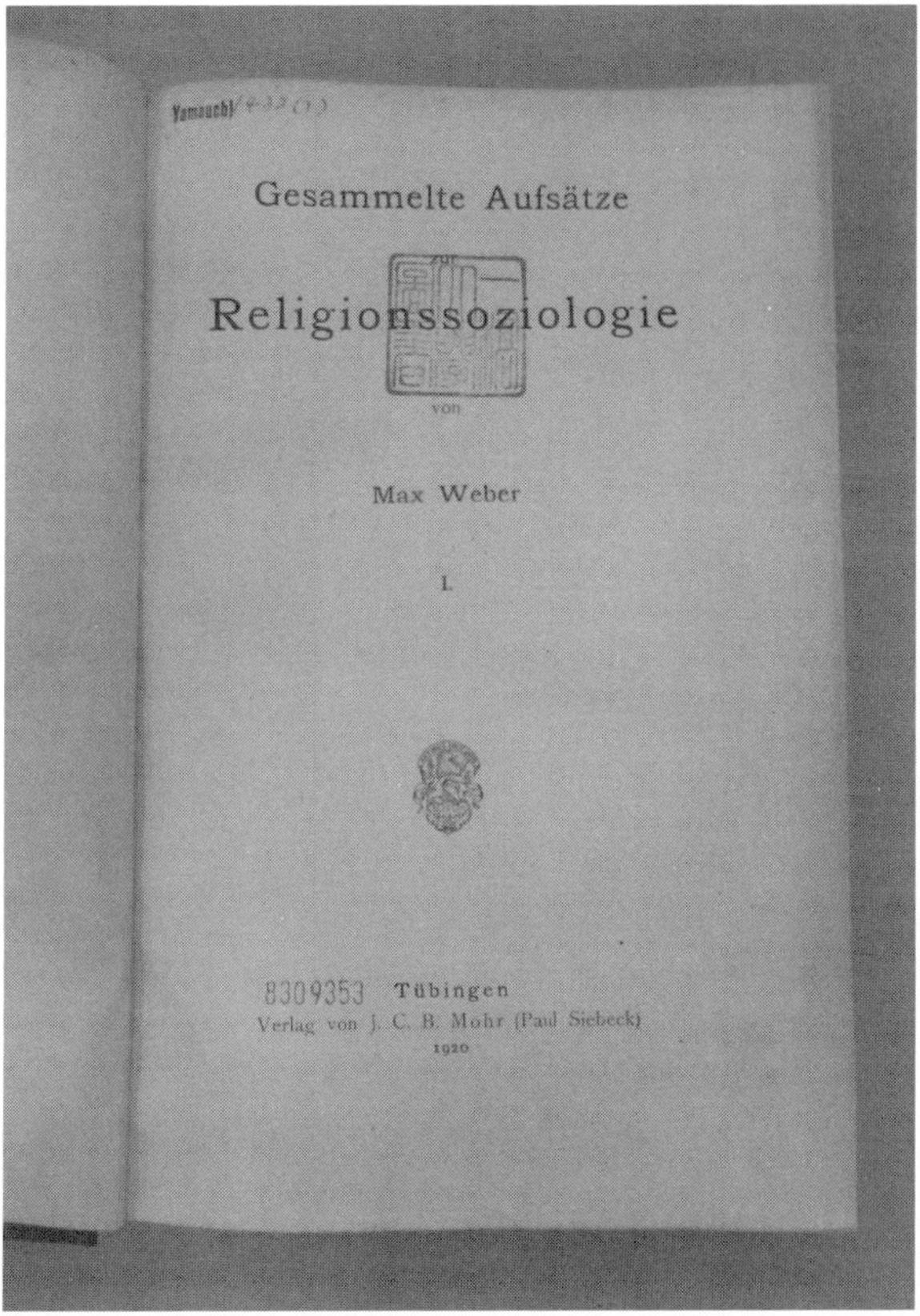

第 4 章

理解社会学の展開

——『世界宗教の経済倫理』を読む

1920年に刊行された『宗教社会学論集』第1巻初版本（一橋大学附属図書館蔵）

1　比較宗教社会学への展開

†『世界宗教の経済倫理』の関心の焦点

一九一五年一〇月、ヴェーバーは『アルヒーフ』第四一巻第一号に『世界宗教の経済倫理』の「序論」と第一論文である『儒教』の前半部を発表し（この論文は、一九二〇年に出版された『宗教社会学論集Ｉ』に収録された際にかなりの改訂があり、論文名もそのときに『儒教と道教』に変えられています）、ここから『ヒンドゥー教と仏教』『古代ユダヤ教』へと続く比較宗教社会学の大連作を始動させています。そしてその「序論」の冒頭において、連作全体の関心の焦点を端的につぎのように語ります。

〔「経済倫理」を主題として表題に掲げる〕ここで考察されるのは、神学綱要における倫理学説――これは（事情によってはもちろん重要な）認識手段としてのみ役立つものだ――などではなく、宗教の心理的また実働的な連関に作動している行為への実践的駆動力（die praktischen Antriebe zum Handeln）である。（『序論』I-19: 85/RS I: 238/34）

本書第2章で見てきたように、すでに『プロ倫』という著作においてヴェーバーは、プロテスタンティズムの倫理を語るその関心の焦点に「心理的駆動力」があることを明示していました。それから一〇年の歳月を経て、ここに始まる連作『世界宗教の経済倫理』においても、その関心に変わりはないと自ら言うわけです。理解社会学というアプローチの一貫性はまず明らかでしょう。

『儒教』に始まる『世界宗教の経済倫理』というこの連作は、その叙述が比類なく包括的できわめて濃密な内容を持つゆえに、これまで、中国文化圏、インド文化圏、そして古代ユダヤ教からつながる西洋のキリスト教文化圏、さらに執筆計画のあったイスラム文化圏までを含む、世界の主要な「文化圏」を基本単位として描かれた壮大な比較史研究、あるいは比較近代化論として読まれるのがつねでした。そんなとき多くの読者は、この連作を「近代化」という関心から、すなわちヴェーバーの学問は「近代化」を主題にしているに違いないという勝手な思い込みや、読者自身がもつ「近代化」への関心からその道をヴェーバーに求めて、各「文化圏」をそれぞれ一単位として実体化した比較史として読んできているのです。また読者の中には、ここに各社会のまとまった全体像を描こうとめざされている独自な「中国論」や「インド論」などを、さらにはひとつの統一的な世界史像をさえ読み込むということもありました。

　ともあれそのような定型的な読み方がなされる一方で、ヴェーバー自身が指定したこの連作の関心についてはさして議論がなされず、いつも後景に斥《しりぞ》けられてきているというのがこれまでの実情ではないでしょうか。

　もちろん、このような壮大な研究であれば、歴史学に限らずさまざまな学問分野でそれぞれの専門研究の立場からこれを吟味し、個々の論点についてはその妥当性を検証し、またその一面を取り上げてそれぞれの関心に従いつつ問題化していくというのは、決して否定すべき学問態度ではないし、ヴェーバーを現在の研究に生かしていく多様な形と考えればそれらはいずれも大切な試みであると言うこともできます。とはいえ、その際に著者自身が明示的に指定するこの主著の関心がほとんど無視されたままで議論がずっと進み、その線でヴェーバーの「紹介」もなされてきたというのは、やはり異常事態であり、それにはこれまでのヴェーバー研究における理解社会学への視野の欠落が深く関わっていると考えなければなりません。

　そんな状況に抗して本書では、『プロ倫』ですでに始められていたこの「行為への実践的駆動力」への関心、言い換えると、宗教倫理がどのように人びとを動機づけて、それがどんな生活態度を生み出し、そこにいかなる社会秩序が形成されるのかという関心を理解社会学という学問の中核に位置づけて、その意味を解明的に理解しようと努めてきています。すると、その視点から見ると、連作『世界宗教の経済倫理』では、この問いはどのように深められ、それがどこまで進んでいくのでしょうか。「プロテスタンティズムの倫理」から「世界宗教」に視野を広げて、理解社会学はそこにどんな可能性を見いだすのでしょうか。

†比較宗教社会学の論述軸

『世界宗教の経済倫理』のこの「序論」では、冒頭でその関心の所在について述べた後に主題である経済倫理を規定する要因の多面的で複雑な実際に触れ、それゆえ本論の叙述の軸をつぎのように絞るとただちに続けています。

> それゆえ以下の叙述において企てられるのは、もっぱらつぎのことだけである。すなわち、当該の宗教の実践倫理にもっとも強く影響を与え、この宗教に――他の宗教から際立っていて、しかも経済倫理にとって重要なという意味で――特徴的な性格を刻印した社会層について、その生活態度（Lebensführung）の方向を定めるエレメントを取り出すということがそれである。（『序論』I-19: 86/RS I: 239/35-6）

確かに、ここで「実践的駆動力」への問いはさらに具体化されて、当該宗教に規定された倫理的な生活態度の独特な形成要因（エレメント）への問いに絞り込まれています。ここではそのことを各宗教に立ち入って具体的に明らかにしようというわけです。いかに広い視野から豊富な内容をもって叙述が進められていようとも、それは各文化圏の全体をそれぞれただ漫然と全般的に論じようなどというものではなく、このように軸はしっかり絞られているのです。しかもその前提をなす基礎論として『宗教ゲマインシャフト』が用意され、こちらでそうした軸の意義や射程が理論的に考察されるという議論の構成です。

そこで、まずはその『宗教ゲマインシャフト』を基礎におき、そこから『世界宗教の経済倫理』の「序論」と「中間考察」とを見通して、比較宗教社会学において比較の軸となる概念枠について、その意味を考えておくことにしましょう。

†現世への態度――秩序の固定化か革命か

『宗教ゲマインシャフト』における論述が、此岸と彼岸とを往復する動的な基本構成をもって進められていることについては、すでに繰り返し述べてきました。それを踏まえてみると、まずはこの『宗教ゲマインシャフト』における論述の基本構成が、『世界宗教の経済倫理』の比較宗教社会学が駆使する対比軸にも活かされ、議論が続いていると分かります。すなわち、考察対象となる宗教が、彼岸の視野から此岸である「現世」をどのように見て、それがいかなる宗教倫理を生み、そこからどのような生活態度が作られていくのかという関心からの比較です。そこに「現世肯定vs現世拒否」という第一の対比軸が成立します。

そう理解してみると、『宗教ゲマインシャフト』ではまさに「宗教倫理と現世」と表題がつけられるべき第八節（マリアンネ案では第一一節）の冒頭で、宗教倫理と現世の秩序（法や経済）との関係についてヴェーバーの基本認識が示されていることに気づきます。それはまず、こう始まります。

> 宗教によって固定化された法の支配は、法秩序の合理化、それゆえまた経済の合理化にとって最も重大な制約の一つである。しかし他方で、倫理的預言が呪術や儀礼の固定化された規範を打ち破ると、それが生活の日常的秩序、特に経済の秩序に――急発的に、あるいは漸次的に――根底からの革命をもたらすことがありうる。（『宗教』I-22-2: 368/WG: 349/260）

宗教がもたらす社会秩序の固定化作用がその合理化にとって「最も重大な制約」になるか、あるいは倫理的預言が「根底からの革命」をもたらすか、ここに示されているのは、宗教がいわばこの両極の働きをもって現世の秩序に関与するという認識です。ここで特に「経済の合理化」に触れられていることに注意するなら、これが『世界宗教の経済倫理』への展開を見据えた論述になっていることは明らかでしょう。

ところでヴェーバーはここで、一般的に見れば宗教の力というのは社会秩序を変化へ向かわせる「促進の要素」にはなりにくいと言います。宗教的なものの力には限界があり、普通はそれは変革をもたらさない、と。そして、そこでこう付け加えています。

とりわけ、既存の関係と利害状況の中に少なくともその可能性がある、あるいは往々にしてきわめて強い駆動力（sehr intensive Antriebe）が与えられているということがなければ、宗教の力が経済状態を基盤から動かすことなど決してないのだ。（同）

見られるように、だからこそ問題の焦点は「駆動力」なのだという議論です。この「駆動力」があるときにこそ変化は起こる。すると、宗教がそんな駆動力を与えるのは、どんな場合でしょうか。ここからヴェーバーは議論をつぎのように展開しています。

〔イスラム教の聖法やユダヤ教の律法などには規範の固定化作用を認めねばならないのだが〕これに対して、宗教的当為が「心情倫理」へと原理的に体系化されると、まさにそこに本質的に異なった状況が生まれる。すなわちその心情倫理が、宗教の救済目標に向けて生活態度の全体を「意味深く」関係づけることによって、個々の規範の固定化を破砕するのである。(『宗教』I-22-2: 369/WG: 349/261)

まさに、成立した「心情倫理」が行為者の内面を駆動し、その生活態度が規範の固定化を破砕する「革命的作用」を生むというわけです。

このように一般的に認識できるなら、儒教と道教、ヒンドゥー教と仏教、ユダヤ教とキリスト教と続く世界宗教において、それは現実としてどのように展開したのか、あるいは、そこに革命が実現しなかったとすればそれはいかなる理由からだったのか。『宗教ゲマインシャフト』の議論は、このようにして『世界宗教の経済倫理』の課題へつながっていると見ることができます。

さて、その『世界宗教の経済倫理』では、第一論文『儒教』と第二論文『ヒンドゥー教と仏教』との間に『中間考察』が置かれていて、それは「宗教的現世拒否の諸段階と方向性に関する理論」と題されています。すなわちそれは、現世肯定の宗教性をもつ「儒教」から現世拒否の宗教性をもつ「ヒンドゥー教と仏教」へという、第一の軸に沿った考察の転換点（中間）において、「現世拒否」の生活態度が経済・政治・美・性愛・知などの文化諸領域にどのような緊張関係をもたらすかを一般的に論じておくという趣旨の論考とまずは認めることができます。そして、ここで前面に出てくるのが『世界宗教の経済倫理』における比較の第二の軸である「禁欲vs神秘論（観照）」という対比軸です。

それを踏まえて『宗教ゲマインシャフト』に立ち返ると、こちらでは「救済方法と生活態度」を論ずる節（第七節〔マリアンネ案では第一〇節〕）の中核でそれが論じられていて、救済宗教が要求する生活態度の対をなす二類型として「禁欲vs観照」の関係を概念的に把握することができます。そしてこちらまで見てはっきり確認できる重要な点は、『世界宗教の経済倫理』で比較の軸になっているこの対概念が、宗教思想や教派の分類のためにあるのではなく、救済に至る方法としてここでもそれぞれが志向する生活態度に焦点を定めて構成されている事実です。すなわち理解社会学として、どうしてそのような生き方を選び行動しているかという、行為の駆動力としての動機連関が問題なのです。しかも、「禁欲vs観照」というこの対概念について『宗教ゲマインシャフト』が示す考察は、それらが生み出す問題に対するヴェーバー自身の基本認識までうかがい知ることが出来て、たいへん重要と認められます。

そこで、まずそれらの定義ですが、救済方法としての行為のあり方、救済に至るための生活態度という観点からこれを捉えるヴェーバーは、「禁欲（Askese）」を「積極的に倫理的な行為」（『宗教』I-22-2: 320/328/211）として理解します。「禁欲」というと、しかもそれを日本語で考えると、欲望を自制した静かな自粛生活のように感じてしまいがちですが、それとはまったく違うのです。むしろヴェーバーは、神に導かれ神の「道具」となって積極的な行為によりその使命を果たすというところに「禁欲」の基本的な意味を認めます。「禁欲」に対応するドイツ語である「アスケーゼ（Askese）」はギリシア語の「アスケーシス（ασκησις）」を語源にしていて、このギリシア語は「訓練」「修養」「修行」などの意味をもちますが、ヴェーバーはそんなことも意識しながら「禁欲」を概念化しているのでしよう。であればこそ現世に対する「禁欲」の態度は、徹底した拒否の実践となるか、あるいは現世内でそれを遂行しようという場合には、禁欲的規律の理想にふさわしく現世を積極的に改変することが義務にもなると考えられるのです。ここから、自己の生活を方法的に統御する使命としての「職業」という、禁欲的プロテスタンティズムにおける現世内禁欲の生活態度も理解されています。

それに対して「観照（Kontemplation）」とは、「神的なるものとの神秘的合一」にいたる救済方法として、ひたすら「安らぎ」を求めて「行為しないこと、その果てには思惟すらしないこと、「俗世」を想起させる一切をつとめて断つこと」（『宗教』I-22-2: 324/330/216）とされています。このとき信仰者は神の「容器」となり、神的なものに満たされているという「特別な状態性」を救済の目標にするというわけです。ヴェーバーはこれを、ある特殊な感情状態への志向であり、また同時に知への志向でもあると見ます。もっともそれは、何かの事実や理説についての伝達可能な知ではなく、「世界の統一的な意味の把握」という「実践知」であって、この意味において「観照」は「「真理」へのきわめて精力的な集中」なのだと言うのです（仏教者の「悟り」への志向を想起！）。このとき観照は行為と明らかに逆立し、禁欲とはくっきり対照的な態度になるというわけです。

†両者を対比すると

問題は、このような救済を志向する二つの方法意識がいかなる倫理につながり、そこからどのような生活態度が生成するのかですが、その点についてヴェーバーはここで、禁欲者と観照的神秘家との極限型をそれぞれ理念型構成しつつ、解明的理解の見地からその動機連関に立ち入って両者の対照性を一般的に語っています。とりわけ両者から生まれる生活態度は、行為が現世内において、現世に向けてなされる場面でそのコントラストがもっともはっきりするとヴェーバーは見ており、それが『世界宗教の経済倫理』での比較の基礎認識にもなるわけですから、ここで現世に向けた態度における両者の比較の論述に注目し、項目に整理してその認識のポイントを確認することにしましょう。

①現世の意味への問い　現世に生ずる苦難などの問題から救済を希《ねが》う者が、にもかかわらず現世内で禁欲者として行為するというのは、それが神の使命だからであり、自らがその使命を受けた神の道具であるという意識に支えられたときに、現世内での禁欲は可能になる。そうであれば、「禁欲者は、現世内で行為しようとするとき、すなわちその現世内禁欲において、現世の「意味」を問ういかなる問いにも幸福な頑迷さをもって対処し、そのような問いにおよそ無頓着でいなければならない」（『宗教』I-22-2: 328/WG: 332/220）。彼にそれをさせている神の動機は人間の尺度を超えていて、その意味を問うてはならないのだ。それを問わないまま業務に専心できるときにこそ、現世内禁欲者は「うってつけの

「職業人」」(der gegebene „Berufsmensch")になる(同)。

これに対して観照的神秘家にとっては、「世界の「意味」を見つめる」ことこそが問題である。とはいえそのときに、「意味」はあらゆる現実の彼方にある統一態として求められるから、それは合理的な形式において概念的に把握されない(同)。観照的神秘家もその「悟りの境地」を広く衆生に語るということはありうるだろう。しかしそれは、これもまた一種の「使命(Beruf)」であるとはいえ、恩寵を受けた者の託宣というかたちをとる。

②現世への関わりのかたち 救済を求めるものとして、現世そのものは禁欲者にとっても観照者にとっても肯定はされない。しかし禁欲者が拒否するのは、現世の倫理的に不合理な現状であり、そこにある倫理にもとる快楽の誘惑であり、それに安住してしまうという誘惑である。それゆえその反面で、現世の秩序は恩寵確証のための課題として、自分自身の合理的行為はその手段として肯定されている(『宗教』I-22-2: 328-9/WG: 332/221)。

それに対して観照的神秘家にとっては、現世とそこにおける行為はそれ自体が誘惑である。それゆえ彼は、自身の行為を出来る限り極小化し、現世の秩序に対しては謙虚に「囚われていない」という態度を保とうとする。だが、そのとき「謙虚さ」は実のところ原理をもたないから、事実としては無原則な順応となり、それにより観照的神秘家は、観照により悟りを開く(開いた)ものとして誇り高い救済貴族主義に立ちながら、現世に対する態度そのものは「規則に縛られない」ということが「場当たり的態度（Anomismus）」に実際には結びついている（『宗教』I-22-2: 329/WG: 333/222）。

③現世の秩序に何をもたらすか　禁欲者にとっては、神からの要求が亢進《こうしん》して、「宗教的徳の規範が現世を無条件に支配し、この目的のために現世が革命的に変革されるようにせよ」（『宗教』I-22-2: 330/WG: 333/222）というところまで高まることがある。この要求を受けるとき禁欲者は現世に立ち向かう預言者となる。といっても、禁欲者がそこで実際に行うのは、倫理的に合理的な現世的秩序形成と規律化であり、そのときに禁欲者の採る基本的態度は、「合理的行為それ自体の高度化、すなわち外的な生活態度の方法的体系化、地上的諸秩序の合理的な物象化（Versachlichung）およびゲゼルシャフト関係化という意味での実践的合理主義」（『宗教』I-22-2: 332/334/224-5）である。

　これに対して観照的神秘家は、相対的には現世に「無関心」という立場をとるから、所与の社会秩序に対しては一般に「甘受」という態度を示す。それゆえ「観照」に向かう典型的な神秘家は、社会活動の面では強力な社会的行為には決して向かわず、地上的秩序の合理的改革を求めることもない。また、神秘主義を基盤にゲマインシャフト行為が生まれるような場合、観照的神秘家は、論理的に考えるとそれに背を向け一途に瞑想に専心するという選択がありうるはずだが、多くの場合心理的には「神秘主義的な愛の感情にもとづく無差別主義（Akosmismus）」に導かれ生成するゲマインシャフト形成にむしろ親和的である（『宗教』I-22-2: 332/WG: 333/224）。

これまでの研究では、「禁欲vs観照」という対概念について、とかく前者を合理的、後者を非合理的なものとあらかじめ決めてしまう傾向が根強く、とりわけ現世内禁欲については、それと資本主義の精神との親和性ゆえに「近代的かつ合理的な態度」と高く評価するような近代主義的理解が長く続いてきました。しかし、ヴェーバー自身の認識はここでまとめたように、救済を求める方法論の違いを動機連関に内在して理解し対比していくという理解社会学の立場からのもので、両者をそれぞれの特質から問題点まで追求する理念型的な考察の論理は偏りがなく明快でしょう。それなのに、ここがあまり真剣に読まれず、凡庸な分類論の視角から両者がただちに価値評価にさらされてきてしまったことにも、これまでのヴェーバー研究における理解社会学認識の欠如が引き起こす問題が顕れていると思います。

†比較宗教社会学における比較へ

ともあれ、「禁欲vs観照」として構成され考察されたこの対比が、『世界宗教の経済倫理』として実現される比較宗教社会学における比較の第二の軸になります。その見通しの大枠についてヴェーバーは、つぎのように言います。

主に東方およびアジアの救済宗教性と、主に西洋のそれとの歴史上決定的な相違は、前者が本質的に観照に、後者が禁欲に通じているというところにある。（『宗教』I-22-2: 332/WG: 334/225）

この救済宗教性の相違が、人びとを駆動してどのような生活態度を生み、社会秩序形成にどのような影響を与えているのか、ここから比較の問いは始まります。

もっともヴェーバーは、「東方およびアジア」と「西洋」の救済宗教性について以上のようにその相違を述べた上で、ただちにこの相違が境界の明確でない「流動的」なものであると注意を喚起しています。すなわち、「禁欲的」あるいは「観照的」といっても、実際には多様な組み合わせがあって入り組んでおり、単色に分類されるようなものではないということです。そもそもヴェーバーは、そんな平板な分類論を主張しようというのではないのです。それなのに、この相違をことさら意識し、そこに焦点を合わせて地域を二極的に分けたようにも見える考察枠組みが重要なのはどうしてでしょうか？　この問いに対してヴェーバーはつぎのように端的に答えます。

われわれが問題にしているのは、行為に対する効果（Effekt）ということだからである。

（『宗教』I-22-2: 333/WG: 334/225）

すなわち問題にしたいのは、宗教の分類や全体評価でも、いわんや文化圏の分類・評価あるいはその歴史全体の記述などでもなく、あくまで特定の宗教倫理による行為への動機づけ、そしてそこから生まれる生活態度だということで、それをここでは「行為に対する効果」と呼んでいるわけです。ずっと見てきたように、ここでも理解社会学として、行為への駆動力を考えるヴェーバーの関心は定まっています。その関心からアプローチするのであれば、いかに境界が流動的であろうとも、また実際の歴史的要因としては意義が限定されている場合でさえ、なにか特定の宗教倫理から出発して、『プロ倫』の考察が示したように行為の動機連関を、すなわち宗教倫理の「行為に対する効果」を解明的理解の方法を通じてたどっていくことは出来るということです。この研究で〈比較〉というのは、まさにこの動機連関の比較に他なりません。そして、世界宗教の壮大な比較研究として実現した『世界宗教の経済倫理』という連作の意味は、この関心からの〈比較〉の実践にあるということなのです。

そこで、その比較の考察に立ち入る段に至りました。もっともここでは、その内容に立ち入る前に、そこで展開される比較宗教社会学の考察の意味をあらかじめもう少し深く理解しておくために、本節で触れてきた「禁欲vs神秘論（観照）」という対比軸の予備的考察で最後に登場した一つの概念、すなわち「物象化」という事象について、ここで節を改めて特別に考えておきたいと思います。この比較研究においてヴェーバーは、この「物象化」という事象を関心の中心に据えて考察を進めていると認められるからです。

2 「物象化」という問題視角

†「物象化」への関心

前節で考えた『宗教ゲマインシャフト』における「禁欲vs観照」という対比軸をめぐる議論、とりわけ西洋とアジアの救済宗教性をその観点から比較した箇所は、西洋における「禁欲」についてつぎのように総括して、全体の考察がまとめられています。

世界の他のあらゆる宗教性とは対照的に、西洋の現世内禁欲にとっては、生活態度の規律化と方法化とが明確な目標であり、「職業人」こそが典型的な代表者であり、社会的関係の合理的物象化（Versachlichung）とゲゼルシャフト関係化とがその特別な結果である。（『宗教』I-22-2: 340/WG: 337/232）

これを見ると、ヴェーバーがここで西洋の現世内禁欲の特質について、それが結果としてもたらす「合理的物象化」という事象に特別な関心を寄せて語っていると分かります。そしてこの認識は『世界宗教の経済倫理』にも引き継がれ、『儒教と道教』[1]および『ヒンドゥー教と仏教』の両論文に、しかも他ならぬその結論部に、つぎのような記述として現れてきます。

『儒教と道教』

中国においては、すべてのゲマインシャフト行為が、純粋に人格的（persönlich）な、とりわけ血縁的な関係によって、またそれと並んで、職業上の義兄弟関係によって包囲され、条件付けられ続けてきた。これとは対照的に、ピューリタニズムは、すべてのゲマインシャフト行為を物象化し、それを合理的な「経営（Betrieb）」と純粋に物象的（sachlich）な「事務的」諸関係へと還元し、中国では原理上至上権を握ってきた伝統や地方慣行、そして具体的で人格的な役人の恩恵などに代えて、合理的な法と合理的な協定関係を成立させたのである。（『儒教』I-19: 468-9/RS I: 528/401）

『ヒンドゥー教と仏教』

〔アジアでは〕西洋の経済にとって決定的な、つぎのようなものが欠けていた。すなわち、営利追求の衝動的性格を打破し、それを合理的に物象化すること、そして、その営利追求を行為の合理的で現世内的な倫理の体系の内へと組み込むこと、これである。（『ヒンドゥー教』I-20: 536/RS II: 372/466）

『経済と社会』と『世界宗教の経済倫理』という両主著でのこのような扱いを見れば、「物象化」という事象が、ヴェーバー理解社会学にとって特別に重要な関心の的であったのは間違いないと認められるでしょう。それは、ピューリタニズムや西洋の経済にとって「決定的」とまで見られているのです。それにもかかわらずこの点はこれまで、専門のヴェーバー研究者によってさえさして重要なものとは見なされず、あまり大きな議論を呼ぶことがなかったところでした。わたしとしてはそれに気づいて、一九八三年初版刊行の著書『マックス・ウェーバーと現代』でその点を指摘したのでしたが、顧みられることは少なかったと認めざるをえません。おそらくそれは、こちらの説明が足りなかったということもあるでしょうし、やはり一般に理解社会学という学問への認識が低かったということもあるでしょう。しかしこの点は、理解社会学にとって特別に重要な関心の的であるに違いないのですから、この学問への入門に際しても留意が不可欠なはずで、ここではそれに必要な限りで「物象化」の意味について再論しておきたいと思います(2)。

†物象化という問題認識

ここで「物象化」と言っているのは、『儒教と道教』からの引用に示唆されているように、「人格的 - 物象的」という対概念をもって見通される関係において発生する事象で、「人格的な関係において生起する事態を物象的な事柄のように見なし対処する態度であり、その態度から生まれる社会諸事象のこと」であると、一般的に説明することが出来るかと思います。

それをもう少し具体化して考えると、つぎのようになるでしょうか。

例えば、経済的な関係においては、人と人との間でモノや情報や資源がやり取りされます。この人と人との関係行為は、当事者間の人間関係の実質に応じて、具体的には「贈与」や「施与《せよ》」、あるいは「剝奪」や「搾取」などという人間的行為として実現するものでした。このような本来は人間的な関係行為が、当事者間の人間関係の実質を顧慮せずに、財（商品）そのものの取引、そしてその財の自律的な流通や代謝の運動であるかのごとく実現するようになり、またそのように見なしうる法的・社会的条件が整備され、その主体として営利を自己目的として作動する「経営」が組織され、その出納が帳簿で管理されて運営されるようになる、そのような物象的な事態に変化することを経済の「物象化」と言うことができます。

また法的な関係においては、人間たちが織りなすなんらかの共同体の「伝統」や「慣行」に代えて、あるいは、役人など具体的に問題に関わる人間たちの「恩恵」や「強制」の行動に代えて、合理的な問題処理方式を定めた法や協定を手続きに従って制定し、それによって諸問題を感情を排し事案として実務的に処理するようになる、このようなことを法的関係の「物象化」と言うことができます。

これらにおいては、「人格」間の関係で生じていた問題が、むしろ事物や事柄に関する問題であると認定され、関与する具体的な人間への特定の配慮を排して、その事物や事柄の特性や論理に従って対処し処理されるようになる、すなわち「物象」の問題とされる、という意味で「物象化」と呼ばれうるわけです。

このように「物象化」を捉えてみると、この概念が、これまで一般には社会の「近代化」として捉えられてきた事象の、少なくともその一側面を鋭く捉えていると認めることが出来るかと思います。このことは理解社会学にとって大変重要な点で、この学問は、実は、経済や法におけるこのような事態を「近代化」としてではなく、「物象化」と捉えて問題化しているということです。

†物象化という概念の歴史的含意

すると理解社会学にとって「物象化」とは何かですが、それを考えるに当たってはまず、この概念が内包する歴史的含意について少し立ち入って見ておくことが理解の助けになるでしょう。

「物象化」と言うとき、ヴェーバーにおいてのそれはドイツ語の Versachlichung という言葉ですが、思想史上で「物象化」と言えば他の思想家たちにもその用例はあって、例えばマルクスは同じ Versachlichung に加え Verdinglichung という言葉もほぼ同義で使っていますし、ルカーチは基本的に Verdinglichung の方を使ってそれを語っているようです。いずれにせよこれらの言葉は、日本語で「事柄」というほどの意味の単語である

「Sache」や、「物」と訳されていい「Ding」という言葉が核となり、その前後に「そのようになる・する」という趣旨の綴りがつけられて成立している言葉です。そして大変興味深いのは、法制史学の専門研究者でもあるヴェーバーであれば必ず知っていたはずの、それらの語源のことです。

まず「Ding」は、英語の「thing」の原形となる言葉なのですが、さらに語源を遡及するとインド・ゲルマン語系の「ten」に由来し、そこからゲルマン諸部族の「民会」すなわち「裁判集会」を表す言葉となりました。「ten」というのは、キャンプ場で張られる「テント（tent）」にもつながる原義をもつ語として、「張る」とか「引く」とかを意味する言葉であって、ヴァーリヒドイツ語辞典は、そこから「集会のために囲われた広場」という意味を経て「裁判集会」を表すようになったと推測しています。また、「Sache」は語源的には「suchen（求める）」の類縁語で、「正当な筋道を追い求める」という意味から、「訴訟案件」を表す言葉になったということです。要するに、今日では単純に「事柄」とか「物」とかを表す言葉としてのみ理解されることの多いこの両語は、元はといえば裁判関係の用語であり、人格間の関係や紛争を裁判で扱うために、要件を確認して「訴訟案件」に構成するという意味で、ある種の抽象化の手続きを想起させる言葉であったわけです。

ここから見えてくることは、Versachlichung（物象化）という言葉が、そもそもとても両義的な意味をもつ操作手続きに結びついていたという歴史的事情でしょう。すなわち「Sache」を成立させるということは、元来は、人格間に生じた問題を訴訟で評価・判定するために、対象として扱うことが可能になるよう構成要件を確定して「事柄」「事案」にする操作であって、一面では、これは当面する問題の明確な規準に従った解決のために不可欠で合理的な客観化の手続きなのでした。ところが他面でこの手続きは、当の合理的客観化という要請そのもののために、個別的な特殊事情や当事者間の人間的な感情の要素など現実の一定部分を、事案の構成要件には含まれないとして無視する操作を伴います。それによりこの手続きは、実質的には不公正を伴って、当事者に一定の不全感と不満を残すことが不可避なのです。ヴェーバーにおけるVersachlichungという概念の意味を理解するためには、この言葉が歴史的に背負っていたこのような両義性を念頭に置く必要があると、わたしは考えます。

これまでのヴェーバー研究でこの概念は、日本語としては「即物化」「即事象化」「即対象化」などと、さらには「没主観化」「客観化」とまで踏み込んで翻訳されるように、近代化の進行という見通しとともに語られ、もっぱら対象の論理に即して合理的に対処する態度というポジティヴな含意のみをもって理解されてきたように思います。そのため、例えば社会関係における同一の操作が、「客観化」であるとともに「人間的な要素の無視」でもありうるという両義性を持つことなど、まったく無視されてきてしまったのです。それゆえに、本来は人間的な協働の連関が商品というモノの集合・動態として現象するという資本主義の事態を同様に「物象化」と把握して注目し、それを批判的に論じてきたマルクス主義の文脈などからもまったく切り離されて、そこにある批判的含意に十分な関心が向けられてこなかったと言わねばなりません。そこで本書では、この語に「物象化」という訳語をあえて当て、その両義性にしっかりと注意を促してそれの歴史的含意を保持したいと思います。それでこそ、この概念の批判的潜在力がまた保持されると考えるからです。

†理解社会学の問題として

すると、理解社会学から見て「物象化」はどんな問題として顕れているのでしょうか。そこにすでに見てきた西洋の現世内禁欲の問題が関わります。大切なポイントなので、煩を厭《いと》わずここでも同一箇所を引用して確認しましょう。

世界の他のあらゆる宗教性とは対照的に、西洋の現世内禁欲にとっては、生活態度の規律化と方法化とが明確な目標であり、「職業人」こそが典型的な代表者であり、社会的関係の合理的物象化（Versachlichung）とゲゼルシャフト関係化とがその特別な結果である。（『宗教』I-22-2: 340/WG: 337/232）

本節で物象化という事象の両義性を見てきましたが、ここで述べられていることは、西洋の現世内禁欲は社会的関係をとりわけ物象化したということです。すなわち、社会的関係に含まれる「人間的な要素」を切り落として、モノの関係であるかのような「合理的」な扱いを推し進めたということ、そのような扱い方がその宗教倫理の「特別な結果」として生まれたということです。しかも前節で確認してきたように、現世内禁欲は、この結果を生み出す生活態度をその意味を問わないままに「義務」としたのでした。まさにここに、理解社会学が問い、また明らかにしている問題の一つの核心があります。

　それにしても、そもそも物象化が実際に合理的でありうるのは、なにか解決すべき主題があって（原形は裁判です）、その目的のために要件を決めて問題を簡潔に絞り込み、そうすることによってでも便宜的に「解決」の方式を案出しなければならなくなっているという場合でした。それなのに西洋の現世内禁欲は、その意味を問わず、あらゆる場合に方法的な一貫性をもって、物象化を義務とし続けるというのです。そこまで行ってしまうと、それが作り出す社会関係とは何であるのか？　ここには、かつて「精神なき専門人」を問うた『プロ倫』末尾の警句を引き継ぎ、それをさらに進んだ問いの形にした問題意識が内包されているのは明らかであるように思います。

ここで行論上一つ注意しておきたい大切なことは、この現世内禁欲のもたらす物象化という問題認識に、本書第2章の末尾で析出した二つの方向への問いが交差して現れているという点です。その一つは、何かの動機に発する行為がどんな秩序を生むのかという、行為と秩序との関係に焦点を当てた問いであり、もう一つは、何かの信仰に基づく宗教倫理の要求はそこにどんな生活態度を生むのかという、宗教倫理と生活態度との関係に焦点を当てた問いでした。それを踏まえると、西洋の現世内禁欲がもたらす物象化という問題認識は、ある一定の宗教的動機に発して形成された生活態度がそこに独特な社会秩序を生んでいくという問題視角をもっていて、ここに『プロ倫』以来の二つの方向への学問的問いが交差していると認めることができます。

そして、このような宗教倫理に規定された倫理的な生活態度の独特な形を解明し比較することこそ、本章の冒頭から見てきたようにヴェーバー比較宗教社会学の論述の課題そのものなのでした。そこで、その論述がどのような成果を生んでいるのかに関心を寄せながら、連作『世界宗教の経済倫理』に立ち入ることにしましょう。

3　儒教とピューリタニズム

†『世界宗教の経済倫理』の共通テーマ

『世界宗教の経済倫理』という連作がこれまで、ひとつひとつの「文化圏」を基本単位として描かれた壮大な比較史研究として読まれがちだったということについては、すでに触れました。その見方は間違っているということなのですが、しかし実際に各論文を読んでみると、それ自体にそう思ってしまう理由がないわけではありません。というのも、『儒教と道教』にしても、『ヒンドゥー教と仏教』にしても、そして『古代ユダヤ教』にしても、いずれもその前半部は、中国、インド、古代イスラエルといったそれぞれの社会のとても詳細な社会学的研究になっているからです。

とはいえ少し注意して読めば、それぞれの論文の前半部をなすそうした社会学的研究の末尾に、つまり後半へのつなぎの部分で、いずれの論文にもそのテーマにきちんと触れた注記があることに気づかされると思います。『儒教と道教』と『ヒンドゥー教と仏教』においては、それはつぎのような記述です。

『儒教と道教』「第四章　社会学的基礎　その四」の末尾
〔中国では〕西洋において産業の特別な出生地となった合理的経営資本主義が、形式的に保障された法と合理的な行政および司法の欠如や俸禄化の結果によってばかりでなく、ある種の心性の基盤の欠如によっても妨げられた。とりわけ、中国の「エートス」にその場を見いだし、官吏層や官職補任期待者層がそれを体現したあの態度によっても妨げられたのである。この点について述べるのがわれわれの本来のテーマであり、この主題にわれわれはいまついに到達したのである。（『儒教』I-19: 468-9/RS I: 394-5/178）

『ヒンドゥー教と仏教』「第一部　ヒンドゥー教の社会システム」の末尾
ヒンドゥー教の救済宗教全体に共通の問題は、人はいかにして再生の、またそれとともにとりわけ絶えず新しい死の「車輪」から逃れうるかという問題である。すなわち、永遠に新しい死からの救済、それゆえ生からの救済である。われわれはいまや、この問題設定からどのような方向の生活態度が、行為にとってのどのような影響を伴って生まれたのか、この点の考察に進まなければならない。（『ヒンドゥー教』I-20: 220/RS II:

133/171)

これらの箇所を見逃さなければ、宗教的動機から生成したそれぞれの宗教倫理がどのような生活態度を生み出し、そこからどのような社会秩序が生まれるかという問題視角が、『世界宗教の経済倫理』の連作で「本来のテーマ」として確かにずっと意識されていることが分かります。そこで紙幅の限られた本書では、あまりに包括的な社会学的研究である前半部については検討を省略し、その「本来のテーマ」に焦点を絞って、ヴェーバーの思想がいったいどこまで突き詰められているのか確かめることにしましょう。ここでは第一論文『儒教と道教』に即して考えたいと思います。

†儒教の人格理想――「君子不器」

『儒教と道教』について後半部だけを読み、そのエッセンスを抽出しようということですが、それは理解社会学の方法論からすれば、考察の一面のみに光を当てる読解になることをここではまず確認しておきましょう。すでに見てきたようにこの学問の解明的理解という方法は、価値分析と因果的解明との二つの学問的手続きの循環をもって構成されており、『世界宗教の経済倫理』の各論文も大枠の方法的構造を見れば、前半部の因果的解明を含む社会学的研究を踏まえて、後半部では価値分析を含む宗教的動機の意味理解が主として進められていると考えることができます。それゆえ、ヴェーバーの学問を単純に実証主義的な「歴史学」や「社会学」であるかのように見てその方法から「因果分析」だけを切り取るのが一面的であるように、他方の「意味理解」だけで読解が十分と考えたりすれば、それは逆の一面化になると認めねばならないのです。ここではそのことをしっかり理解しつつ、あくまでヴェーバーの到達点を見定めるために、それが確認できる「本来のテーマ」の議論に即して考察のエッセンスを抽出しようと思います。

そこで問題となるのが、中国で読書人たち、特に官吏層や官職補任期待者層（中国人全体ということではありません）の生活態度の形成にとって特別に重要な基礎となった、儒教という宗教的動機の意味理解ですが、これについて何よりもまず注視したいことは、ヴェーバーがその考察の基点に儒教における人格理想である「君子不器」という基本命題を置いてそれに準拠しつつ解明を進めていることです。「君子不器」とは、「君子は器ならず」と読んで、「君子たるものは、器のように特定の用途にのみ有用であるのではなく、何事にも通用する才覚を持たねばならない」というほどの意味となり、儒教のある種の普遍人志向を示すものです。

ヴェーバーはこの人格理想を、禁欲的プロテスタンティズムにおける使命としての職業概念とは「強い緊張」の関係にあるものと見て、中国と西洋の教育理想の対立についてつぎのように言います。

〔近代官僚制方式によって官吏の専門的権限を創生するなどというような〕物象に即した要求と、それとともに進むヨーロッパ的なメカニズム方式による行政の合理的物象化の推進に対して、中国の古来の教育理想は鋭く対立した。古い伝統によって立つ儒教教育を受けた官職補任期待者には、ヨーロッパ的な刻印をもつ専門教育がきわめて低俗な俗物根性への馴致にしか見えなかったのである。間違いなくここに、西洋的な意味におけるすべての「改革」に対するもっとも重要な抵抗の一端があった。そこで基本をなした命題「君子不器」の意味とは、君子は自己目的なのであって、道具のように何か特別な用途に向けられた手段ではないということだ。（『儒教』I-19: 356/RS I: 449/268）

儒教教育の理想である「君子不器」の教えが、実際に西洋的な方式での合理的物象化による改革に抵抗する精神的な拠点となったということですが、このような教育理想の対立に注目するヴェーバーの問題意識に、「精神なき専門人」の出現という不吉な見通しを共有するに至った禁欲的プロテスタンティズムの職業倫理をめぐる考察が踏まえられていることは明らかでしょう。すると、この儒教教育の理想はいかなる生活態度につながり、そこからどのような社会秩序が形成されるのか。理解社会学の「本来のテーマ」として、ここに『儒教と道教』後半部における解明的理解の対象が定まります。

†儒教的合理主義の解明

ヴェーバーはその解明的理解を進めるに当たって、「儒教的合理主義」のことを繰り返し強調します。それは儒教教育の人格理想に適合する合理主義ということですが、その合理主義の性格については端的にまとめてこう言っています。

> 儒教の「理性」は秩序の合理主義であった。（『儒教』I-19: 367/RS I: 457/281）

ここには、「現世は考えうるさまざまな世界のうちで最善のもの」と見る現世肯定の宗教思想として、また、その現世に秩序正しく住み込む現世適応の宗教思想として、儒教がその合理的極限類型なのだと見るヴェーバーの基本認識が示されていると考えられます。それゆえまたその解明的理解においては、この「秩序の合理主義」がもたらす生活態度の形を内在的に理解できるように、それをいくつかの側面から構成的に内容確認していくという方式で、考察が進められていると見ることができます。

その合理主義としてまず指摘されるのは、儒教文化の中心的担い手となった読書人・官職補任期待者たちの、「家産官僚制的合理主義」(『儒教』I-19: 334/RS I: 431/242)です。それがもっとも明確に顕れて中国社会に大きな影響を残したものとしてヴェーバーが注目するのが、その人びとの宗教への態度でした。主知的な合理主義者として、官僚としての実務に指向する儒教的読書人たちは「内心では宗教を(迷信として)軽蔑していた」。それなのに彼らは、秩序に従う大衆の馴致《じゅんち》という目的のために、伝統に縛られた大衆の宗教意識をあえて根絶しようとはせず、むしろそれを受け入れ温存した。それゆえ儒教の合理主義は、大衆の中にある非合理な呪術(異端としての道教)と共存することになったというわけです。

またつぎに指摘されるのは、この秩序の合理主義が社会の平安を維持するために求めた、財産の分配をできる限り平等にしようという政策的志向であり、またそれを実現する「実質的正義」(『儒教』I-19: 340/RS I: 436/250)という観点です。ここで発展した合理的官僚制がつねに心にかけたのは、人物の具体的な資質に応じ、具体的な状況に応じた具体的な結果の衡平であって、そのときにこの「実質的正義」に無関心な形式的法律技術は破壊され、それを扱う専門の法曹身分への需要も育たなかった。このために、社会的な紛争など諸事案をあらかじめ定めた要件に則して形式的に処理するという意味で合理的物象化に志向するところの、世俗法の形式的発展はそこなわれた、とヴェーバーは見ています。

そして、さらに指摘されるのは、生活に対する官公吏たちの「実践的合理主義」（『儒教』I-19: 345/RS I: 440/255）で、この合理主義は目に見える具体的な成果を直接に生む経験的に蓄積され洗練されてきた技術（「漢方医学」！）を重視したということです。それゆえに、ここでは理論的に体系立った思考を求める合理的な自然科学的思惟は育たず、「近代的」という意味で合理的な自然科学も、合理的な芸術活動も、合理的な神学や法律学も発展することがなかった、とヴェーバーは指摘します。

このようにいくつかの形で現出する「秩序の合理主義」が、儒教文化圏においては不動で侵すべからざる「世界の宇宙的秩序（die kosmischen Ordnungen der Welt）」（『儒教』I-19: 346/RS I: 441/257）という世界観に支えられて、社会と人間を全体的に調和させ秩序づけるべく作動していた。そのとき、この「秩序の合理主義」が、儒教的合理主義として儒教文化の主たる担い手である読書人たちの生活態度を導いていく駆動力となった。このようにヴェーバーは、その動機連関を解明的に理解していると認めてよいと思います。

すると、こうして生成する生活態度は、どのような質の社会秩序を生み出し、またそれは人間にとっていかなる意味をもつことになるのでしょうか。ヴェーバーはそれを、『儒教と道教』の〈結論〉として、ピューリタニズムのケースと対比しながら論じています。あらかじめ確認しておくと、この「儒教とピューリタニズム」という対比は、『世界宗教の経済倫理』の基本対比軸である「現世肯定vs現世拒否」と「禁欲vs神秘論（観照）」という二つの軸に即してみれば、「現世肯定＝儒教」に「現世拒否＋禁欲＝ピューリタニズム」が対比されるということです。つまり、ここではこの比較枠組みにおけるまさに極限類型が対比されるということで、その考察には本章第1節で検討した『宗教ゲマインシャフト』での対比軸をめぐる議論が動員され、くっきりと反映し、生かされることになります。以下の論述では、その点に注意して読み進めていきたいと思います。

†人格理想の逆立・倫理的態度の断絶

まず儒教の思考方法ですが、それをここで見てきたように「秩序の合理主義」として捉えると、その中に「君子不器」という人格理想があらためて「合理的」に位置づけられ、その意味をより深く理解することが可能になります。すなわち「君子不器」という理想は儒教的世界観の中に合理的な位置があって、それは全体の宇宙的秩序の中で「個人として、自己自身を調和的に均整のとれた人格に、つまりその意味でのミクロコスモスに形成していくこと」（『儒教』I-19: 452/RS I: 514/380）であり、それにより世界の秩序と全体的に調和した人格像が、そしてその生活態度が構成されるということです。

ヴェーバーの見るところ、このような人格理想は西洋における「人格」概念とはその認識が根本的に異なっており、それに儒教文化が生み出す社会秩序の特性も規定されていると考えることができます。すなわちそれは、意識の「内面からの統一」を不断に志向して、「人格」の統一性を意識と行動の「内面からの一貫性」として理解しようとする西洋における「人格」概念とは根本的に逆立しており、この違いが、両者の社会倫理的態度に架橋できないほどの断絶をもたらしたということです。ヴェーバーはここでつぎのように言います。

> ピューリタンの倫理が被造物に課せられた課題を物象化（Versachlichung）という形で実現してゆくことに帰着するのとはきわめて対照的に、中国の倫理は、そのもっとも強い動機を自然成長的な（あるいは、それに付随する、またはそれを模して作られた）人・間集団（Personenverbände）の中にもち、そこで展開した。（『儒教』I-19: 462/RS I: 522/392）

すなわち、ピューリタンをその典型例とする西洋の倫理では、行為の倫理的価値がそれ自体として評価されるのであって、物象（Sache＝事物や事象）の形をとった事実としてその価値ある行為をなしうるかどうかを規準にし、個人をそのような価値ある行為をなしうるような「人格」に高めることを目標にします。それに対して中国の儒教倫理では、行為の倫理的価値はあくまで人間たち（Personen）の情誼《じょうぎ》的（persönlich）な関係において評価されるのであって、何かの具体的な人間集団（自然成長的な関係、すなわち親子、夫婦、朋友などや、それを模して作られた二次的関係など）の関係を超越した「独善的」な行為は排され、むしろその集団の関係と調和する「均整のとれた人格」が目標にされるということです。

このような二つの倫理については、これまでとかく近代主義的な観点や西洋中心主義的な観点からただちに価値判断され、「近代的vs前近代的」あるいは「進歩的vs保守的」などという進歩図式に当てはめて「対比」されたりすることの多いところでした。しかし、『儒教と道教』のこの箇所でヴェーバーが取り組んでいるのは、そんな既定の図式による裁断ではなく、むしろここで見ているようにいわば「物象（Sache）中心vs人間（Person）中心」という二つの類型の倫理について、それぞれが生む社会秩序の可能性を対比することです。すると、その考察においてヴェーバーは何を見いだしているのでしょうか。

†秩序形成の物象中心と人間中心

　そこでヴェーバーがまず指摘しているのは、両者の宗教的義務の違いです。すなわち、ピューリタニズムにおいては身の回りの人間たちとの関係がすべて彼岸の神に対する宗教的義務のための単なる手段や表現と見なされたのに対して（物象中心）、儒教ではその人間関係の中で効果を発揮することこそが宗教的義務とされた（人間中心）、ということです。そしてヴェーバーは、後者が「人間関係優位の立場における物象化についての限界」（『儒教』I-19: 462/RS I: 523/393）につながったと言います。その「人間関係優位」の倫理では、まさにその人間中心性ゆえに、当の事柄を要件を定めて客観化し対象化するという意味での「物象化」に「限界」が生じるということです。このことは特に経済的関係において重要で、そこでは例えば取引関係の基礎となる「信頼」も情誼的関係に基づくことになりますから、その点で経済的合理性に限界が生まれるとヴェーバーは分析します。

　つぎに指摘しているのは現世における課題の問題で、ピューリタニズムにおいては「現世の合理化」が「禁欲的現世拒否」の表現手段として課題になったのに対して（物象中心）、儒教では「自己完成」そのものが課題となった（人間中心）、という点です（『儒教』I-19: 465/RS I: 525/396）。ピューリタニズムにおいても被造物の堕落ということは認識されていましたが、それに対応して「自己完成」を倫理の基本課題にまでするのは、かえって「被造物の崇拝」ではないかと疑われたのです。

この点はつぎの秩序形成の性格という問題につながります。すなわち、ピューリタニズムにおいては、現世の人間たちとの情誼的な関係はあくまで被造物についてのことなので二の次で、むしろ神への義務が何よりも重要なのでしたが（物象中心）、儒教においては人間と人間とをつなぐ情誼的な関係がいちばん大切でそれへの「恭順《きょうじゅん》」が義務になった（人間中心）、という点です。それゆえ、ピューリタニズムにおいては現世を超越する視点に立って「現世の合理的改革」が課題とされたのに対して、儒教では「現世への適応」が指示されます。その結果として、「中国では氏族的紐帯《ちゅうたい》が維持され、政治的経済的な組織形象が情誼的な関係と接合した性格をもった」のでしたが、「それに対して、ピューリタニズムではすべてを物象化（versachlichen）し、合理的な「経営」と純粋に物象的な「業務」の関係に解消し、中国では原理的に全能であった伝統と、地方的慣習と、具体的で情誼的な官吏の施す恩恵に代えて、合理的な法律と合理的な協定を設定した」（『儒教』I-19: 468-9/RS I: 528/401）、と認定されています。

そして最後にもうひとつ指摘しているのは、専門的職業労働の評価の問題です。儒教においては、「富」そのものは、有徳な生活を送る上で重要な手段と認められていたとはいえ、魂の均衡を乱す要因にもなりかねないと見られていました。とりわけ経済にかかわる専門的職業労働については、すでに触れたように「君子不器」という理想を人間の究極的な自己目的としていたため、積極的な評価が与えられなかったと言います（人間中心。ヴェーバーは「これが決定的なことだ」と言います）。それに対してピューリタニズムでは、職業労働において実質的な成果（物象）を挙げることにより救済の確証を得ることが必要だったために、職業労働が極度に重視されたとしています（物象中心）（『儒教』I-19: 474/RS I: 532/407）。

以上のようにヴェーバーはここで、儒教とピューリタニズムという二つの類型の倫理について、それらの生活態度に影響を与える重要な諸点について検討を加えて、現世の秩序に対する態度の違い、とりわけ経済的行為におけるその結果の決定的な違いを浮き立たせます。その上で、考察のまとめはつぎのようになります。

> 儒教的合理主義は現世への合理的適応を意味した。これに対して、ピューリタン的合理主義は現世の合理的支配を意味した。（『儒教』I-19: 476/RS I: 534/410）

そしてこの確認とともにヴェーバーは、マタイによる福音書（6.33）の「約束」を想起さ

せながら、つぎのように最終判定を下します。すなわち、それにより、

現世は約束どおりピューリタンの合理的倫理の手に帰した、(同)

と。これは、物象中心の倫理が文字通り社会秩序の物象化を推し進める駆動力となって、その「現世支配の合理主義」が確かに世界を制覇しているという認識です。これがあの「精神なき専門人」の問題に敏感に反応するヴェーバーの言葉であれば、福音書の「約束」への言及も決して単純に勝ち誇った意識からというよりは、むしろ深刻な逆説の指摘であり警告と受けとめなければならないでしょう。敬虔《けいけん》なピューリタンのはじめの望みは、現世から解放される救済の確証なのであって現世の支配などではなかったはずなのです。それなのにこの現世内禁欲は、救済を望みながら、「支配」という形でますます現世に緊縛されていくことになっています。

さて、『儒教と道教』をこのように読んでここまで来ると、そこで提出されている問題が、単なる中国史の問題ではないだけでなく、実は儒教とピューリタニズムという特定の二つの宗教だけに関わることですらないと気づかされるのではないでしょうか。儒教とピューリタニズムはそれぞれ極限事例であって、問題は、「物象中心vs人間中心」という対

抗軸で対比されるべき二つの類型の倫理がもたらす生活態度と社会秩序への影響のことなのです。そして、その弊害という意味で今日のわたしたちにとりわけ際立って感じられるのは、やはり「現世支配の合理主義」のことでしょう。現世を支配し、自然を支配し、世界を支配するそんな「合理主義」は、世界を制覇する力であるとともに、確かに脅威でもありうる。この危惧がさまざまに現実化して、いまやそれはピューリタンにとってだけではなく、わたしたちの時代そのものが直面し続ける世界の基本問題になっていると認めねばなりません。すると、ヴェーバー自身は、そのことをどのように捉えていたのでしょうか。

4 普遍史的関心の射程

†普遍史的問題？

一九二〇年一一月、その年の六月に亡くなったヴェーバーの思想の不死を告げるかのように、遺著として最初のものである『宗教社会学論集』第一巻が公刊されました。そこで初めて活字になったこの『論集』全体の「序言」は、つぎのような言葉で始まります。

近代ヨーロッパ文化世界の子が普遍史的問題を扱おうとするとき、それは不可避に、また当を得たことでもあろうが、つぎのような問題の立て方をすることになる。すなわち、いったいどのような状況の連鎖が、他ならぬ西洋の地において、そしてここにおいてのみ、普遍的な意義と妥当性を持つ——と、少なくともわれわれはそう考えたいわけだが——文化諸現象の登場をもたらしたのか、これである。(『序言』I-18: 101/RS I: 1/5)

この一節は、ヴェーバーが「普遍史的問題」などときわめて大上段の表現(この言葉が出てくるのはこの箇所だけです)で問題を提起し始めているために、いかにも重々しく受けとめられ、ヴェーバーの学問そのものが全体として「普遍史」の構想であるかのように理解されたり語られたりするときに必ず言及される言葉となりました。そこで、その意味を考えるべく同じ箇所をもう少し読み込んでみると、「普遍史的問題」と言ったヴェーバーがただちにそれを言い換え、「普遍史」そのものをではなく「普遍的な意義と妥当性を持つ文化諸現象」の存在のことを語っていると分かります。しかも、「少なくともわれわれはそう考えたい」という限定をつけてです。ヴェーバーは、ここでそう認められるはずの文化諸現象の例をつぎつぎと挙げ、そんな例示を通してその意味を説明しようとします。そして、それらをまとめる形で少し後でこんな風に言います。

> つまり問題になるのは、これまで挙げてきた例のすべての場合において、結局のところ、西洋文化における特別な形の「合理主義」であるのは明らかである。(『序言』I-18: 116/RS I: 11/22)

なるほどヴェーバーが言っているのは、「普遍史」そのものではなく、この「特別な形の「合理主義」」が、あるいはこの「合理主義」によって生まれた文化諸現象が、「われわれ」によって「普遍的な意義と妥当性」を持つと考えられているということでした。そう理解すると、問題が前節で「儒教とピューリタニズム」を考えたときに析出した論点とクロスすることが分かります。前節では、ピューリタン的合理主義を現世支配の合理主義と捉える認識が確認されました。それを踏まえると、かの箇所で「現世支配の合理主義」と捉えられたものが、ここでは「西洋文化における特別な形の「合理主義」」と認定されていて、この形の合理主義を「われわれ」は「普遍的な意義と妥当性」を持つと「考えたい」と思っているのだということです。すると、「西洋に特別な形の合理主義」とは、内容的には何のことでしょうか。まずは挙げられている例に即して考えてみましょう。

†文化諸領域の分化自立

西洋の地に生まれた「普遍的な意義と妥当性」をもつと「考えたい」文化諸現象として、ヴェーバーはまず、「西洋においてのみ、今日われわれが「妥当だ」と承認する発展段階にある「科学」が存在する」(『序言』I-18: 101/RS I: 1/5)、と語り始めます。例示の出発点はここです。すると、これはどうして「妥当」として承認されているのでしょうか。

それについてヴェーバーの回答をまとめてみると、それぞれの科学が、理論的な基礎づけをもって体系的に分化し自立していることによってである、と理解できます。西洋に発した天文学には数学的基礎づけがあり、物理学には合理的実験の基礎があり、医学にも生化学的な基礎づけがある。また、法学には厳密な法律学的図式と思考形式がある(『序言』I-18: 101-2/RS I: 1-2/6)。そしてそれらが、「訓練された専門人」による「合理的で体系的な専門経営」として組織されている(『序言』I-18: 104/RS I: 3/8)。これにより諸科学はそれぞれ、合理的に検証可能な知の体系として分化し自立している。これが「妥当」と認められる根拠なのだ、というわけです。

ヴェーバーの見るところ、そのような合理的な基礎をもつ自立ということは実は科学の領域ばかりではなく、合理的な和声音階とそれに応じた記譜法を基礎にもつ音楽がそうであるように、芸術の領域でも類似した事情があり、またとりわけ、制定された「憲法」と体系的な法制度を備え、専門的訓練を受けた官僚組織がその法規に基づいて重要な日常的機能を担う近代国家が、同じくそれであると認められます。そして、なかでも重要なことは、わたしたちの経済生活を支配している近代資本主義がまた、それと同じ状況の下にあるということです。

ヴェーバーはここで、近代資本主義の特別な性格として、それが「(形式的に)自由な労働の合理的・資本主義的組織」を基礎に成立している点を指摘して、つぎのように言います。

> 資本主義的経営の近代的・合理的組織は、さらにつぎの二つの重要な発展要因がなければ不可能であったに違いない。ひとつは、今日の経済生活を端的に支配している家政と経営との分離ということであり、もうひとつは、それと密接に関連する合理的な簿記である。(『序言』I-18: 111/RS I: 8/16)

つまり資本主義的営利を自己目的として追求する経営組織が、資本家・経営者の家政から分離し、合理的な簿記という自己管理の理論的・実践的基礎をもって自立するということです。この形の資本主義をヴェーバーは、ここで特に「経営資本主義（Betriebskapitalismus）」（『序言』I-18: 114/RS I: 10/19）と名づけています。

このように見てくると、ヴェーバーが「西洋文化における特別な形の「合理主義」」と言うことの中身がだいぶ明らかになるように思います。すなわちそれは、各文化領域を分化させ、それぞれについて要件を限定して合理的な理論的・技術的基礎の上に据えて、自律的な文化領域として自立させ、内容を専門化し高度化させていく、そんな特別な形の「合理主義」であるとまとめられるでしょう。そうであれば、この合理化は、要件を定めた対象構成を基礎にして、それにより分化した対象領域それぞれの特性や論理それ自体（Sache そのもの！）に従って進んでいくもので、これは本章第2節で解説した「物象化」の意味にまさに適合しており、全体として「物象化としての合理化」と性格づけることができると思います。

このような意味での「合理主義」であれば、その歴史的な出自が西洋文化に由来するというのは、やはり認めねばならないところでしょう。そしてそれが今日、科学において、政治において、そして何より経済において、合理性の基本形（「科学的合理性」「経済的合理性」……など）として世界に受け入れられている（制覇している！）のも一定の事実です。

その限りでは、それの「普遍的な意義と妥当性」というのも、いまは世界にとって否定できないところとなっています。

しかし、それだけに問題であるのは、ヴェーバー自身が明確に捉えているように、その合理主義が「現世支配の合理主義」でもあるということでしょう。今日では、近代資本主義や近代科学技術を典型とするその力が確かに猛威を振るっていて、それは社会を一変させる巨大な生産力となったばかりでなく、ときには例えば「経済的合理性」だけが単独で暴走するなどして（新自由主義！）、さまざまな形で人間破壊や自然破壊と感じられる事態まで引き起こしているのです。すると、西洋に特別な形と見られたこの合理主義が、「現世支配の合理主義」として次第に世界を支配していく事態について、それを提起したヴェーバーはそもそもどのような見通しをもって考えていたのでしょうか。

†文化諸領域の物象化

ヴェーバーは、一九一五年一二月に『世界宗教の経済倫理』の第一論文『儒教』（後半部）と『中間考察』を『アルヒーフ』第四一巻第二号に発表し、この『中間考察』で現世の合理化の進行が生み出していく深刻な社会的葛藤について考察を示しています。この『中間考察』の発表の場については注意が必要で、同時に発表されている『儒教』（後半部）には前節でわたしたちが検討したそれの改訂稿『儒教と道教』の「結論」である「儒教とピューリタニズム」がすでに含まれていました。つまり、ピューリタン的合理主義が「現世の合理的支配」を意味すると断じたその論考と同時に同じ場で連続してこの『中間考察』は発表されているということです。しかもそのことを引き継ぎながら、一九二〇年公刊の『宗教社会学論集』第一巻でも「儒教とピューリタニズム」と『中間考察』はともに収録されており、こちらでもそれらは連続して読まれるべく配置されています。そうであれば、文脈的にも両者を連続させて考えることが大切でしょう。

そこで『中間考察』ですが、これは理解社会学である『世界宗教の経済倫理』の〈中間考察〉として「現世と宗教との間の緊張関係」という観点から論じられていて、その一般的見通しはつぎのように語られます。

宗教的同胞意識は、それが首尾一貫したものになればなるほど、ますます厳しく現世の秩序や価値と衝突するようになる。しかも、――この点が大切なのだが――後者の現世の秩序や価値がそれぞれの固有法則性に従って合理化され昇華されればされるほど、宗教的同胞意識とそれらとの間の葛藤はますます非和解的なものになっていくのである。（『中間考察』I-19: 487/RS I: 544/112）

見られるように、ここでヴェーバーはわざわざ「この点が大切」と注意を促しながら、現世の秩序や価値がそれぞれの固有法則性に従って合理化されること、すなわち分化自立した文化諸領域がそれぞれの固有論理に従って合理化（物象化としての合理化）されることの帰結としてこれを語っており、これが「特別な形の「合理主義」」の行く末を見通すものであるのは明らかでしょう。そしてその見通しは、非和解的な葛藤を伴ってとても悲観的で厳しいと言わなければなりません。そのことは、この後に続く各文化領域について繊細に立ち入った考察においても確かめられます。

まず経済の領域においてみると、さきに見たように「合理的な経済は物象的な性格をもった経営」であり、これは市場での利害闘争から生まれる「貨幣価格」に照準を据えて活動します。ところが貨幣は、人間生活の中で「もっとも抽象的なもの」であり「もっとも非人間的なもの」であって、「それゆえ、近代の合理的な資本主義経済の秩序界（Kosmos）は、それに内在する固有法則性に従って動くようになればなるほど、およそ宗教的同胞倫理とはいかなる関係も持ちえなくなる」（『中間考察』I-19: 488/RS I: 544/113）とされるのです。

また政治の領域においては、一方で普遍主義的宗教が地域や部族の限界を突破し、他方で政治的秩序が合理的になっていくと、両者の緊張関係が厳しいものになるとされています。すなわちそうなると、司法や行政の形で執行される国家機関の全活動は、結局のところ「国家理性の物象的な実践原理」によって規制されざるをえず、このため「すべての政治は、それが「物象的」で実利志向的なものになればなるほど、また情熱や怒りや愛の感情から離れれば離れるほど、同胞意識とはますます無縁なものになってしまう」(『中間考察』I-19: 492/RS I: 548/119) とされています。

これ以外にも文化諸領域それぞれに即したヴェーバーの考察は続きますが、ここではもういいでしょうか。要するに、文化諸領域の物象化としての合理化とともに、「現世」は分化した文化領域に応じつつそれぞれの固有法則性によって作動するようになって、それが宗教的な同胞意識と鋭いコンフリクトを起こすようになるというのです。合理化の運命を一般的に語っているここでは、「宗教的な同胞意識」といってもなにか特定の宗教の同胞意識を指しているわけではなく、むしろ物象化としての合理化が「人間的な連帯意識」一般と逆立しコンフリクトを起こすということです。これは、確かに悲観的な、この特別な形の合理化の袋小路を見通したものと認めてよいでしょう。

その上でヴェーバーは、このような物象化としての合理化の担い手について、すなわち、分化したそれぞれの文化領域で、その究極の意味は神に委ねて問わないまま専門家として業務にひたすら専心する職業人について、その運命をつぎのようにまとめています。

「文化」の営みというのはすべて、自然的生活の有機的に画定されていた循環から人間が抜け出していくことだと、そのように見なされていたし、まさにそれゆえに、一歩一歩ますます破滅的な意味喪失に向かう所業だとの非難もあった。それなのに、そんな文化財への奉仕がいよいよ聖なる使命とされ、「召命としての職業（Beruf）」とされるようになると、〔文化財自体の意味は問われないわけだから〕そもそも無価値で、それどころかあちこちに矛盾を孕《はら》み相互に敵対しあうような諸目標のために、ますます無意味に急き立てられるということになっていったのである。（『中間考察』I-19: 519/RS I: 570/158-9）

これは、資本主義にも親和的な合理的宗教倫理であるピューリタンの現世内禁欲が陥る、極端な非合理、真摯に職業に専心すればするほど無意味化の淵に沈んでしまうアイロニーに満ちたその姿の、いかにも痛切な批判的描写と読めるでしょう。しかもここではそれが、文化諸領域を分化させる物象化としての合理化の展開とともに、またその帰結として、分化し相互に敵対しあう諸目標の衝突に巻き込まれる姿として語られているわけです（「この点が大切」！）。そうだとすればここでの論述は、職業人の内面における意味喪失（「精神なき専門人」）という形の帰結だけを指摘したとも見える『プロ倫』と比べても、理論構成の実質に大きな構造的拡充があり、「西洋文化における特別な形の「合理主義」」に対するより進んだとても重要な批判になっていると理解できるものです。

しかも、ここで想起しなければならないのが、この『中間考察』が「儒教とピューリタニズム」に接続して置かれているということです。確かにこの一節は、前節で見た「儒教とピューリタニズム」の結語、すなわち「現世は約束どおりピューリタンの合理的倫理の手に帰した」、「ピューリタン的合理主義は現世の合理的支配を意味した」という言明とセットで書かれているのです。とすればこれは、その「現世支配の合理主義」が制覇したこの世界そのものが抱える、深刻な危険性の指摘として受けとめなければならないでしょう。その合理主義は、確かに世界を制覇する力を持つと認められるのだけれども、そうであればこそ、経済であれ政治であれ技術であれ各文化領域で意味を問わないままにその力をますます亢進させ相互に敵対・衝突するようにもなっていて、自己破壊的でとても危険なのだという認識です。そして、この特別な形の合理主義が抱えるこうした危険は、ヴェーバー没後一〇〇年の時空を超え、今日のわたしたちに切迫する社会的諸問題（「人間破壊」「自然破壊」）の根源としてなお現在すると理解しなければなりません。

このように考えてみると、『中間考察』のこの議論は、二〇世紀の初頭に創設されたヴェーバー理解社会学がその学問展開の中から切り開いた、より進んだ思想的地平を示していると認められるでしょう。ヴェーバー理解社会学はここに至って、禁欲的プロテスタンティズムから世界諸宗教へと解明的理解の視野を大きく広げたばかりではなく、本書でこれまで見てきたような「物象化としての合理化」という視角を内包する行為と秩序のダイナミックな社会理論の構成を整えて、時代の文化と社会の行く末を深く洞察していると認められるのです。『中間考察』の厳しい時代診断は、そこにまで至った理解社会学の潜在力を示すものと言うことができるでしょう。

未完の理解社会学、開かれた問い

もっともこの『中間考察』は、他方で、それ自体としては連作『世界宗教の経済倫理』の中間考察であって、議論の焦点はあくまで救済宗教に置かれており、これは、「不完全性、不正義、苦難、罪、無常、そして、避けがたく罪を負い、展開や分化が進むと避けがたく意味を失っていかざるをえない文化、そんなものに充ち満ちている場としての現世」

（『中間考察』I-19: 519/RS I: 571/159）にあって、そこからの「救い」を求める救済宗教に研究の領野をさらに開く基礎理論という位置づけです。

それゆえ、ヴェーバーはここで、研究がある程度進んでいるピューリタニズムについてもその救済宗教としての意義という観点からあらためて光を当て、立ち入った考察を示しています。すなわち、現世のすべてを被造物的な堕落の状態にあって無価値とするのに、職業を神の召命と捉え、その結果としての経済的収益を恩寵の確証と自分本位に解釈して受け入れるピューリタニズムに対し、ここでかなり厳しい評価が下されるのです。

〔収益を神の聖意と肯定し、愛の普遍主義を放棄する〕これは結局のところ、確かな根拠があるわけでもなくしかもつねに特殊的でしかない恩寵を優先させて、人間によって実現し人間みんなに手の届く目標としてあるはずの救済を原理的に放棄することに他ならなかった。このような反同胞的な立場は、真実のところもはや本来の「救済宗教」ではありえない。（『中間考察』I-19: 490/RS I: 546/116）

ピューリタニズムの救済宗教性に対するヴェーバーのこのような強い調子の論定、否定的な「価値評価」と言ってもよい判断は、ピューリタニズムそのものに対する実際の批判意識もさることながら、ここではむしろ、彼の救済宗教への継続する強い関心から来るものと考える方がいいでしょう。ここにかいま見ることができるヴェーバーの〈本来の救済〉へのイメージ（「人間によって実現し人間みんなに手の届く目標」）もかなりはっきりしています。こんな救済宗教への関心があればこそ、これが語られる『中間考察』は、そこから現世否定・現世拒否の立場に立つ救済宗教へ視野をさらに広げて考察を継続するべく、その思想的基礎を固める〈中間考察〉となったのです。

†残された課題

ここまで確認したところで、「理解社会学への入門」を主題とした本書では、ヴェーバーの残したテキストそのものに即した検討はいったん終結しようと思います。

もちろん、最後に検討した『中間考察』の後には、連作『世界宗教の経済倫理』としても現世拒否の宗教性をもつ『ヒンドゥー教と仏教』が、そして『古代ユダヤ教』が続いています。しかし、執筆予定のあった原始キリスト教、タルムードのユダヤ教、東方キリスト教、イスラム教、西洋キリスト教に関するテキストは（MWGA I-18: 52）、「スペイン風邪」と呼ばれた感染症の世界的大流行がなお終息しない一九二〇年のヴェーバーの早すぎる死によって残されることなく終わりました。それゆえに、さらに続くはずだった救済宗教とその駆動力についてのヴェーバーの探求も未完に留まっています。それはいったいどこに行こうとしていたのか、そこにどのような可能性があったのか、これを続けて問うことは今やわたしたちに残された課題なのです。

他方でヴェーバーは、最晩年となった一九一九年から二〇年の時期に、理解社会学の基礎概念の編成を大きく書き換えていて、それが「社会学の基礎概念」「経済の社会学的基礎カテゴリー」「支配の諸類型」「身分と階級」といった遺稿として残されています。すでに触れてきたように、「社会的行為を解明しつつ理解し、それによりその経過と働きについて因果的に説明しようとする学問」という理解社会学の定義は、実はこの遺稿である「社会学の基礎概念」に出てくるものなのです。そうであれば、「理解社会学」という学問の基本枠組みそのものはこれらの遺稿においてなお維持されていると考えてよいでしょうが、しかしそれにしてもあまりに大きな概念構成の変更が理解社会学にどのような新展開をもたらしているのか、この点はやはり考えておかなければなりません。理解社会学はヴェーバーの最晩年になお進化を遂げようとしていたのであり、その可能性の行く末を見定めることもわたしたちに残された課題です。

もっとも、残された課題と言えば実はそれ以前に、そもそもわたしたちが本書でそれなりに触れえたテキストについてさえ、この小著が実際に論じることのできた部分はヴェーバーによって盛り込まれた内容の豊かさに比すればあまりに限定されているので、まずはその不足がしっかり埋められなければなりません。本書は確かにみなさんをこの学問の圏内にお連れしたとわたしは信じますが、これにより基礎ができれば、ヴェーバーにおいて読むべきもの、学ぶべきもの、考えるべきことはさらに広がって、ここで論じたことの背後にいよいよ豊饒《ほうじょう》な理解社会学の世界が見えてくるはずなのです。その意味でもこれは〈入門〉の第一歩であり、ここから開かれる沃野にさらに深く足を踏み入れることこそ、本当はすぐに取り組んでいただきたいつぎの楽しみな課題なのだと思います。本書を手にしてくださったみなさんには、つぎはヴェーバーのテキストそのものを自ら手にとって、ぜひその方向に歩みを進めていただければと著者として切に希望しています。

そこで最後に、そんな課題を見つめここから進むために、本書で考えてきた理解社会学が独自に示す歴史認識・社会認識のポイントを、今後の探求の指針という観点からいくつか確認しておくことにしましょう。

おわりに――理解社会学における「近代」の問題

本書では、ヴェーバー理解社会学についてその生成の原点に立ち戻り、この学問構想に託された意図、解明的理解という方法の構造、基礎概念の構成から始めて、その方法の実際の適用例、そしてこの方法を基礎に据えた学問の全体編成から、それが捉えた問題の射程に至るまで、この学問の歩みをだいたい順を追ってかなり丁寧に紹介し考察してきました。それを踏まえここで最後に確認したいことは、その概観的なまとめなどではなく、ヴェーバーによって新しく始められたこの理解社会学という学問が示している、時代と社会を考えるための特別な視点のことです。

†「近代社会」という社会はない

その第一に確認しておきたいのは、「近代」という時代についての語りを通してみる、理解社会学の「社会」観についてです。本書では、「はじめに」でヴェーバーの学問に

「近代という時代への鋭い批判的問いかけ」があると認め、ここから問いを起こして理解社会学の学問構成について考えてきています。ところが、その行論の中に「近代」や「近代社会」そのものを主語にした議論が実は見あたらないということに、あるいは気づかれ、それを奇妙に思われた方がいらっしゃるかもしれません。この点は近代への理解社会学のアプローチの核心に関わることなので、ぜひその意味を正確に理解していただきたいと思います。

「近代」ということですが、そもそもヴェーバーその人が残したテキストに「近代化（Modernisierung）」という言葉が「殆《ほとん》ど見当らない」という事実については、一九七五年に発表された論文で安藤英治がすでに指摘していたことでした。[1] 安藤はその事実から発して「近代化論者ヴェーバー」というそれまでの既成観念の再考を促したのですが、ここではもう少し進んで、「近代社会」という言葉がまたヴェーバーのテキストの中にほとんど見当たらないという事実まで視野に入れることにしましょう。テキストの電子化が進んだ今日では、ヴェーバーのテキストも電子化されていて、用語については検索が容易になっています。そこで、それを使って検索してみると、「近代的（modern）」という形容詞が「社会」を意味する可能性のあるGesellschaftという語に係《かか》るケースは、それが「商事会社（Handelsgesellschaft）」など会社や団体組織を指す場合を除けば用例がたった四例に留まっています。しかも、その一つは中国の官僚制社会を「特殊近代的」と言っている例、もう一つは『プロ倫』で「近代のブルジョア社会」に言及した例、そして他の二つは政治論文と学会発表でそれぞれ「今日の社会」というほどの概括的意味で使っている例で、これらは「近代社会」として普通に考えられるような形の社会を指しているとは考えられないのです。要するにヴェーバーは、「近代化」のみならず「近代社会」という語も、自らは少なくとも通例の意味をもっては使用していないということです。これはどうしてなのでしょうか。

そこで、それを意識しながらさらに「近代的（modern）」という形容詞について調べてみると、こちらは用例が一一五〇余りもあり、しかも近代資本主義、近代経済、近代国家、近代官僚制、あるいは近代合理主義などと最重要の諸概念に結びつく形で頻出します。すなわち「近代」という問題は、ヴェーバーにとって軽微であるどころか、やはりつねに念頭を去らないほどの最重要問題であり続けたと認められるわけです。そうであれば、その論じられ方が特異であるというのは、見逃すことのできない重大事でしょう。

ヴェーバー理解社会学においては、「近代的」なる形容詞が個々の社会諸事象や文化諸現象を形容するものとしては頻出するけれども、「社会」そのものにはつかず、また社会を全体として捉えてその「近代化」を語るということもないわけです。この特異な事実は、それ自体が、やはりヴェーバー理解社会学の社会理論としての特別な性格、別の言い方をするなら、社会理論にもたらされた大きな構造転換を示唆していると考えねばならないでしょう。

そもそも社会について「近代化を語る」とはどういうことでしょうか。そのような語りが成立するのは、日本であれ、中国であれ、西洋であれ、なにかある独立の「社会」なる基本単位が存在し、その「社会」が「近代社会」という完成態に向かって、それぞれ独立した歩みを進めているというような、社会の発展史観が前提にあると見ることができます。近代化の語りは、そのような歴史観とセットなのです。社会構成体を基本単位としてその内側での階級関係の動態から社会発展を語るマルクス主義の唯物史観がその典型なのですが、日本などではこのマルクス主義の歴史観が歴史学のみならず広く社会科学の全領域で長きにわたり有力な思潮となってきており、そんな影響もあって、ヴェーバーを読む際にもつねに「近代化」というこの歴史認識の枠組みが議論に影を落としてきました。

このような「近代化論」に対する批判と反省が起こり、ヴェーバー理解に「近代批判」という観点が取り入れられるようになってからも、「社会」を単位に近代化が批判的にではあれ語られるという意味で、発展史観の認識枠組みそのものが基本的に変化することは実はなかったと認めねばなりません。

「近代化を語る」ということをこのように歴史観と関連させてしっかり考えると、この問題が、理解社会学の創建時に取り組まれた理論的作業である「二つの流出論」や「自然主義的一元論」への〈批判〉と深く関連するということが理解されるでしょう。本書第1章で見たように流出論や自然主義的一元論というのは、歴史現象や社会現象や人間事象の基底に何かの実体を想定し、その実体からの流出・産出としてそれらの諸現象を説明しようとする議論で、理解社会学はまさにそのような議論に対決しつつ自らの理論構成を整えてきたのでした。それゆえ、一方でロッシャーやクニースにおける「民族」や「国民性」の実体化を流出論として批判し、他方では唯物史観における土台‐上部構造の一体性をもつ社会構成体の実体化を自然主義的一元論として批判するそのことが、理解社会学の理論的核を作り上げたと認めることができるのです。

であれば、その理解社会学が社会の「近代化」を語らないというのは、その理論の核につながる大切な学問的姿勢と考えなければなりません。理解社会学は全体社会を決して実体化しない、それゆえにこそこの学問は、社会の「近代化」のみならず「近代社会」という社会も実体化しては語らないという基本を守っています。これは理解社会学の一番のコアなので、しっかり理解したいところです。

ヴェーバー理解社会学においては、「近代的」なる形容詞が個々の社会諸事象や文化諸現象を形容するものとしては頻出するものの、「社会」そのものをまとめて「近代的」と呼ぶことはないということです。すると前者の、つまり個々の社会諸事象や文化諸現象を形容するときに使われる「近代的」とはいかなる意味でしょうか。

実は、こちらは頻出するものなのでとても奇妙にも感じられますが、ヴェーバーのテキストを通覧する限りそれについても統一的な〈定義〉がなされているわけではありません。本書第4章で見てきたように、ヴェーバーは西洋の地においてのみ生まれた「普遍的な意義と妥当性を持つ文化諸現象」について「少なくともわれわれはそう考えたい」という限定をつけて語り、その根幹に「西洋文化における特別な形の合理主義」を認めます。しかしそれとても、ヴェーバー自身が「これこそ近代的」とまで言っているわけではないのです。その点でヴェーバーは、つとめて抑制的に振る舞っていると言っていいと思います。

とはいえヴェーバーは、この「西洋文化における特別な形の合理主義」が、同時代の世界にとって「普遍的な意義と妥当性」を持つと西洋人が「そう考えたい」と意識しているだけでなく、実際に「現世支配の合理主義」としてのその力により覇権を制していると認め、しかも意味を問わないままに職業に専心してその覇権を広げようとするときの物象化としての合理化の危険性にまで言及しています。そして、それを読んだわたし（たち）もまた、文化諸領域のそれぞれの合理性（経済的合理性、法的合理性、科学的合理性、など）に即した活動展開の形に一定の普遍性と妥当性を承認しつつ、そのような合理性が実際に力を発揮してすでに否定できない威力となりこの時代を支配していると認識しているし、今日ではそれが亢進《こうしん》して「人間破壊」や「自然破壊」と感じられる事態までもたらしているという、同時代の現状とその危機の形を理解できるに至っています。そうであれば、これが近代性という問題のすべてではないにしても、この合理性の形が、「近代的」と言われる事象の中心にあり、この時代の問題性の核に触れてもいると認めてよいと思われます。

このいい「近代性」とそれが孕《はら》む問題性にいかに対処するかということについても、ヴェーバー理解社会学の思想と理論の構成はわたしたちに一つのヒントを与えていると、わたしは考えます。それが、ここで確認しておきたいこの学問の第二のポイントにつながっているのです。すなわちそれは、人間と社会との一体化的理解そのものを脱すること、この意味で「脱一体化」の理論的認識のことです。

これはまずは本書第2章における『プロ倫』の検討の際に、ゾンバルトとの「問題の立て方の違い」として問題化した論点なのですが、ヴェーバーの理解社会学は、経済・政治・支配・法・宗教・文化などの諸領域で成立する事象の組織形態とそれに参与する担い手たちの行為動機とが相対的には独立の変数であると見る観点に立っていて、それを自らの重要な独自性としました。それは例えば、近代資本主義の組織形態が成立していても、実際にはそれに従事する担い手たちが「資本主義の精神」にもっぱら従って行為しているとは限らないと見る観点です。『プロ倫』においてこの観点は、ゾンバルトとは違う「問題の立て方」に応じた方法的立場として、解明的理解という方法へと考察を導く通路になったのでした。

そして、この観点に立てばこそヴェーバーは、自らの理解社会学の仕組みにおいても組織形態とその担い手の行為動機とを区別しつつ関係づけられるような基礎概念の構成を追求し、その方向で理論的努力を重ねたと認められます。本書第3章で見てきたように、それはまず、「規則」を経験的に存在する社会生活の「形式」としたシュタムラーを批判し、行為者が主観的にいだく行為原則としての「格率」をそれに対置した『シュタムラー論』で明確な形をとり、やがて『カテゴリー』で「行為と秩序」という対をなす概念構成に整えられて、文字通り「理解社会学のカテゴリー」の中にしっかり位置づけられたということです。

このような形でヴェーバー理解社会学の理論形成過程の大筋を振り返ることができると

すれば、この学問は、「行為と秩序」として対になった概念構成を基盤にして、各文化領域で成立する組織形態を構成的に分析する「秩序形成の社会学」とも言うべき部分と、その担い手たちの行為動機を解明的に理解する「狭義の理解社会学」とが相対的には独立して成立しつつ、この両者の相補的な循環によって全体が構成されるものとあらためて理解することが可能になります。そうであればこそ、前者において各文化領域それぞれの独自な合理性がそれぞれ独立して考察され、それを通じてそれぞれの文化領域で成立する組織形態の個性を明らかにする議論が可能になるということです。本書第3章で考察した「一九一四年構成表」では、前者に当たる『経済と社会』の項目タイトルが「経済と社会的諸秩序および権力」とされていて、秩序形成の社会学としてのその性格がはっきり示されていると分かります。個々の社会諸事象や文化諸現象について「近代的」という形容詞をつけて論ずることが可能になるのは、この秩序形成の社会学において、文化諸領域それぞれの合理化の可能性が確認されればこそのことなのです。

このような理解社会学の理論構成は、文化諸領域の組織形態に表現される社会の形と、行為動機を通じて理解しうる人間の生のあり方とを、相対的には独立したものとして捉える思想的・学問的な立場を表現していると理解することができます。これが「人間と社会の脱一体化的理解」と、わたしが名づけたいと考える社会認識の形です。これは、人間と社会の連関のあり方を一体的に考えてきた社会科学・人間科学の歴史を踏まえた上での、すなわち、さまざまな実際の連関をしっかり意識した上での〈脱一体化〉の立場と言ってよいでしょう。

　このような社会認識の形は、当面する社会の問題を考えるに当たっても、それが機能する組織の形とそれの担い手である人間たちの生活態度を、相対的に区別して考察することを可能にします。すなわち、社会の組織形態の合理性と、そこに生きる人間の生の意味とを、関連させつつしかも区別して問うことができるということです。またこの観点は、現在の社会の組織形態に従って生活していても、そこでそれとは異なる未来を構想して行動を開始するという可能性を開くものでもある、と考えることができます。それゆえこれは、ヴェーバーが指示するような「特別な形の合理主義」についても、つまりその形の近代性についても、それが生む秩序の合理性とそれを担う人間の生の意味とをそれぞれ独自に考えつつ、そこからその未来を展望しようとするときにも不可欠な視点であると認められるでしょう。

†知性主義という視点

　そこで、そのような形の問いに進もうとすると、その問いを有意味にするもうひとつの要件として、ヴェーバー理解社会学がわたしたちに示す特別な視点の第三番目である「知性主義」という問題が意識されてきます。

　本書第3章で詳論したように、ヴェーバーは『宗教ゲマインシャフト』の論述の中心に「知性主義」についての考察を置いていて、初発には現世に生きる困苦に悩みそこからの救済を求めた倫理的・宗教的な問いが、知的階層に導かれるなどにより、現世にある物質的な困窮そのものを超えた宗教思想に展開するという精神の力動をそこで問題化しています。それは、倫理や宗教の源泉を現世における物質的な利害関心（あるいはそれが満足させられないことへの怨恨）に求めたマルクスやニーチェに対して、ヴェーバー理解社会学こそが特別に社会科学の対象にしえた倫理的・宗教的問いの「もうひとつの源泉」に視野を開くものです。

> もうひとつの源泉とは、知性主義、純粋にそれ自体。これは精神の特別な形而上学的要求であって、精神がそのように倫理的・宗教的な問いに思い煩うのは、決して物質的な困窮に迫られてのことではなく、むしろ世界をひとつの意味深い秩序界として捉え、その秩序界に対して自らの立場を確立するという、自己の内的要求によってのことである。（『宗教』I-22-2: 265/WG: 304/152）

このような知性主義に特別な関心を寄せるというのは、ヴェーバー理解社会学が、単に宗教事象の「事実」の記述をめざす実証的な宗教学、宗教社会学、宗教人類学などとは異なって、行為への駆動力という実践的観点から宗教倫理を捉えていることと密接に関係すると考えられます。すなわち、知性の推理力や構想力にもよりながら眼前の現世を超えて宗教的救済への志向が意識化・思想化され、そこに既存の慣習に縛られない世界像の革新も起こって、それが新たな倫理的要求を生み生活態度の刷新にもつながっていく等々、知性が主導する一連の思想‐実践連関の可能性がここでは見透《みとお》されていると考えられるのです。この観点から知性主義の力を捉えていることは、理解社会学のとても重要な着眼点の一つと認めてよいと思います。

理解社会学における知性主義の問題をこのように再確認すると、前項で見た「近代性」とそれが孕む問題性に対する際に、ここからもとても重要なヒントがひとつ得られると、わたしは考えます。ここで想起したいのは、本書第4章で詳細に検討した「西洋文化における特別な形の「合理主義」」とその中核的な担い手となったピューリタンの現世内禁欲との結合、その結合により進行した物象化としての合理化の行方のことです。それについての本書のこれまでの考察を、ここで知性主義を意識しつつあらためて考え直してみると、それの二つの面でつぎのように意味の捉え返しができると考えられます。

その特別な形の「合理主義」の一つの面は、文化諸領域の分化自立ということであり、それにより各文化領域がそれぞれの固有論理をもって専門化、合理化されていくということでした。このときに合理性は、文化領域それぞれの固有性をもって多元的であり、相互に矛盾を孕み、ときに敵対し対立することもあるということです。しかも、経済にしろ政治にしろそれぞれの領域が自立し独自に合理化に進むと、それぞれの領域はそれ自体として同胞意識（＝人間的な連帯性）とコンフリクトを起こす潜在力をもつようになるのです。これは合理主義の多義性ということでもあるのですが、それが社会の対立を生むこの現実は、世界をひとつの意味深い秩序界と捉えることを望む知性主義の観点から見ると、知性そのものの分裂として現れ、そこに矛盾や敵対が生じるのであれば、知性自身の自己矛盾・自己破壊に他ならないと認識されるでしょう。このとき世界は、知性主義にとって「問題」として捉えられ、そこに解決への努力も始まります。

また、この特別な形の「合理主義」のもう一つの面は、その中核的な担い手と認められたピューリタンの現世内禁欲との独自な結合にあって、現世の意味を神に委ねて自らは問わないまま業務に専心できるというこの「うってつけの職業人」に担われてこそ、それぞれの文化諸領域における固有な論理での合理化がまた可能になったということです。これを知性主義の観点から考えてみると、この「合理主義」の基礎には担い手における意味への問いの否認（＝反知性主義）があって、この反知性主義こそがこの特別な形の「合理主義」を成立させているということになります。するとここでも、知性主義は世界に「問題」を認めるでしょう。

　このように知性主義という視点を一つ加えてみると、ヴェーバーの言う「西洋文化における特別な形の「合理主義」が覇権を握る時代とは、〈知性〉そのものが矛盾を深める危機の時代だということがこの上なく明瞭なものになってきます。西洋近代ということでもっとも「合理的」と見えたこの時代の社会の基調は、もっとも深い非合理（知性の分裂と反知性主義）によって支えられているということです。知性主義の視点をもってこのことが確認できるなら、そこから知性の分裂を超えるべく「近代的」と名指された時代状況と社会事象への根本的な問い直しが始まります。そして、そのような根本的な問い直しの始まるところにこそ、新しい批判的な知性が主導する新しい生活態度と社会構想の可能性も開かれると希望することができるでしょう。この知性への覚醒、ここにわたしたちがヴェーバーから学ぶ思想の核心がひとつある、とわたしは考えます。

†没後一〇〇年を超えて生きること

ヴェーバーが亡くなってからすでに一〇〇年が過ぎて、この時代の「合理主義」についてその中核的担い手をもっぱらピューリタンを軸に説明することは、すでにリアリティを失っています。しかし今日では、分化自立した文化諸領域の固有論理に従った合理化や自己運動はヴェーバーの時代よりはるかに亢進して、さまざまな領域でそれ自体においてはもはや制御不能と実感されるような状況にまで至っています。

一九九〇年代以降にとりわけ顕著な展開を見せた経済のグローバル化と新自由主義は、市場経済の自己運動を野放図に解き放つ力となって、今日の世界はそれにより生まれたとてつもない格差と貧困に苦しんでいます。かつて人類に輝かしい未来を約束するかに見えた科学技術の発展も、今では人間破壊や環境汚染を亢進させる要因にすらなっていて、それだけでは噴出する問題にどれほどの解決能力があるのか、いくつもの疑問符がつくようになっています。

であればこそ時代への問いは、わたしたちの生活の形、生活態度のあり方にまで及び、この社会の基礎からの変更を問題とせざるをえなくなってきているようです。それなのにわたしたちは今、その全体を見渡しながらこの時代と社会を問う、そのような広い視野での問いの形を見失っているというのが実情ではないでしょうか。

それに対してヴェーバー理解社会学は、当面する問題に対処する即効の処方箋をもたらすものではありません。とはいえこれは、解明的理解という学問方法を彫琢《ちょうたく》して人間の行為の意味を問い、他方で秩序形成の社会学を構成して文化諸領域の秩序の合理性を分析するという、精緻な道具立てをもって人間と社会を問う新しい学問の形を用意したと認めることができます。そして実際にこの学問は、見てきたように、世界の救済宗教を深く立ち入った解明の光にさらし、その重要な認識成果を基礎に「西洋文化における特別な形の「合理主義」」の問題について鋭い洞察を示しているばかりでなく、それを批判的に乗り越えて未来構想につなげるという意味でも、ここで確認してきたようにいくつもの重要な視点をもたらしていると分かります。本書がヴェーバー理解社会学から学んでお伝えしえたことはほんの一部に過ぎませんが、この学問の扉はすでに開いています。ここからそれをどのように生かし継続し展開させるか、それはわたしたち自身の課題だと考えなければなりません。

注

はじめに

（1）青山秀夫『マックス・ウエーバー――基督教的ヒューマニズムと現代』（岩波新書、一九五一年）。
（2）大塚久雄編『マックス・ヴェーバー研究』（東京大学出版会、一九六五年）三三一頁。
（3）「*Archiv für Sozialwissenschaft und Sozialpolitik*」＝『社会科学・社会政策アルヒーフ』。
（4）Gustav Schmoller, *Grundriß der Allgemeinen Volkswirtschaftslehre*, Duncker & Humblot, Leipzig, 1900, S. 225.
（5）前掲大塚編『マックス・ヴェーバー研究』三三一頁。
（6）一九六四年以降の半世紀にわたる日本のヴェーバー研究の展開については、二〇一四年に開催されたヴェーバー生誕一五〇周年を記念するシンポジウムとその論集（宇都宮京子・小林純・中野敏男・水林彪編『マックス・ヴェーバー研究の現在』創文社、二〇一六年）の「提題」で、その概観を示しています。
（7）W・シュヴェントカー『マックス・ウェーバーの日本』（野口雅弘・鈴木直・細井保・木村裕之訳、みすず書房、二〇一三年）二五六頁。
（8）二〇二〇年はヴェーバー没後一〇〇年ということで、『マックス・ヴェーバー』を表題とする新書がさらに二冊出されています。今野元と野口雅弘によるものですが、この二著では、一九九〇年代と二〇〇〇年代に先行して出された二冊の新書に見られた理解社会学への無関心・消去の方向がさらに進んでいて、その点で本書とは文字通り対極にある「ヴェーバー像」がそれぞれ作られているように思います。とはいえこの両著は、学問的姿勢がかなり異なっていて、認識の相違についても数多あるので、ひとくくりに評価することができず、それは今後の議論を期さなければなりません。それにしても今野のように、一人の思想家を考えようとするとき、本人自身がその思想を公的に表現するべく著したテキストを読むのではなく、むしろ人物像を多様なコンテクストにおける雑多なエピソードや、宛先によって用語自体の意味が特殊に変移する書簡などの言葉に還元して、その片言隻句の方から自分好みの物語を思いのまま組み立てる(「伝記論的転回」?!)のでいいのか、それとも、本書のようにまずは残された思想・学問上のテキストを内在的・相互参照的に読み込むことから始めるべきなのか、ここには根本的な学問方法観の対立があると思います。そこで読者のみなさんには、本書を読み進める際にも、そのあたりを留意点としてぜひ意識して臨んでいただきたいと願っています。今野元『マックス・ヴェーバー――主体的人間の悲喜劇』(岩波新書、二〇二〇年)、野口雅弘『マックス・ヴェーバー――近代と格闘した思想家』(中公新書、二〇二〇年)。

(9) 「*Jahrbuch für Gesetzgebung, Verwaltung und Volkswirtschaft im Deutschen Reiche*」=『帝国ドイツにおける立法、行政、国民経済のための年報』(以下では『年報』と略称)。

(10) 例えば、ヴェーバーの学問方法論を「本格的」に論じた最近年の著作の一つと見なしうる佐藤俊樹『社会科学と因果分析――ウェーバーの方法論から知の現在へ』(岩波書店、二〇一九年)においても、ヴェーバーにおける因果分析の意義を高く評価するその議論から、行為動機の解明的理解という関心と方法がすっかり脱落してしまっています。それではそもそもヴェ、ー、バ、ーの学問方法論と言うことができないでしょう。

第1章　ヴェーバー理解社会学の誕生

（1）　Franz Boese, *Geschichte des Vereins für Sozialpolitik 1872–1932*, Duncker und Humblot, Berlin, 1939, S. 9.

（2）　大塚久雄のヴェーバー研究の問題点や意味については、拙著『大塚久雄と丸山眞男——動員、主体、戦争責任』（新装版、二〇一四年、青土社）で詳細に論じていますから、そちらを参照してください。

（3）　G・シュモラー「国民経済に於ける正義」（戸田武雄訳『社会政策の理想』有斐閣、一九三九年）八三頁。シュモラーの生涯と学問については、田村信一『グスタフ・シュモラー研究』（御茶の水書房、一九九三年）。特にシュモラーにおける心理学の意義について参考になります。

（4）　同書一三五—六頁。

（5）　『伝記』S. 72（邦訳五四頁）。ヴィルヘルム・ヘニスは、「クニースからヴェーバーへの学問的系譜関係は見まがうべくもない」とし、ヴェーバーにとってのクニースの「顕著な意義」を強調しています。しかし他方で、クニースに対するヴェーバーの批判については、その意味を理解しようとしません。ヴィルヘルム・ヘニス「人間の科学——マックス・ヴェーバーとドイツ歴史学派経済学」（W・J・モムゼン他編著『マックス・ヴェーバーとその同時代人群像』鈴木広・米沢和彦・嘉目克彦監訳、ミネルヴァ書房、一九九四年、五二—四頁）。

（6）　Karl Knies, *Die Politische Oekonomie vom Geschichtlichen Standpuncte*, Neue Auflage, Braunschweig, 1883, S. 6.

（7） 同書S. 150.

（8） Georg Simmel, *Die Probleme der Geschichtsphilosophie*, 2te Aufl., Duncker und Humblot, Leipzig, 1905（ジンメル『ジンメル著作集 1 歴史哲学の諸問題』生松敬三・亀尾利夫訳、白水社、一九七七年）。

（9） 同書S. 21（邦訳四四頁）。

（10） 大塚久雄『社会科学の方法』（岩波新書、一九六六年）六〇—六四頁。

第2章 理解社会学の最初の実践例

（1） Karl Knies, *Die Politische Oekonomie vom Geschichtlichen Standpuncte*, S. 150.

（2） ヴェーバーのこの病気と大学における立場の推移については、野崎敏郎『大学人ヴェーバーの軌跡』（晃洋書房、二〇一一年）が詳しい検討を行っています。

（3） 折原浩『危機における人間と学問——マージナル・マンの理論とウェーバー像の変貌』（未來社、一九六九年）二九二頁以下。

（4） 「Maxime」は理解社会学にとって重要な用語なので、その意義については後段でさらに議論します。ここでは、この語が大塚訳をはじめ多くの日本語訳で単に「原則」などと訳されていてそれと分かりにくいので、注意を喚起したいと思います。本書ではそれの「主観的」な性格に注意が向けられるように、単なる「原則」一般ではなく、「行為者が主観的にいだく行為の原則」を特別に意味する語として「格率」という訳語を採用しようと思います。

（5） Werner Sombart, *Der moderne Kapitalismus*, Erster Band, Duncker und Humblot, Leipzig, 1902,

S. 62.

（6）日本語訳としてもっとも流通している岩波文庫版（大塚久雄訳）でもそこは逆の意味にとれる訳文になっていて、誤解を広げています。その問題点については、前掲拙著『大塚久雄と丸山眞男』で詳細に論じておいたので、そちらも参照してください。

（7）Arthur Mitzman, *The Iron Cage: An Historical Interpretation of Max Weber*, Knopf, New York, 1970（ミッツマン『鉄の檻――マックス・ウェーバー　一つの人間劇』安藤英治訳、創文社、一九七五年）。

（8）この点については、荒川敏彦「殻の中に住むものは誰か」（『現代思想』第三五巻一五号、二〇〇七年）を参照。

第3章　理解社会学の仕組み

（1）*Grundriss der Sozialökonomik*, I. Abteilung, J.C.B. Mohr, Tübingen, 1914, S. VII.

（2）現行のヴェーバー全集の編集は、ヴェーバー自身が作成に関わったのは確実なこの「一九一四年構成表」にむしろ準拠せず、「ゲマインシャフト」「宗教ゲマインシャフト」「法」「支配」「都市」という題材別に原稿を分けて、五巻からなる作品群として『経済と社会』を提示する仕方を採っています。それとともに『カテゴリー』と『基礎概念』は、それぞれ別の巻に収められる形となりました。このような『経済と社会』の編集は、素材をそのまま投げ出してその読解を読者に委ねていると考えることもできますが、全体の論述について原著者が意識していたはずの内的な脈絡をすっかり消してしまっているだけでなく、そもそも論述の前提となる基本概念の議論を切り離して、その意味が不確定のまま読解を強いるという欠陥があると考えねばなりません。

(3) その他の部分で、『支配』を論じた章は「支配の正当性論」とか「官僚制論」とかを含んでいて有名な箇所ですし考えるべき問題も多いのですが、それについてはすでに多くの議論や解説があり、また『法』を論じた章については筆者自身が読解をまとめて示した既存の別著があって、それらの部分に関心をお持ちの方は本書を踏まえつつそちらも参照してご自身でテキストに取り組んでいただければと思います。中野敏男『近代法システムと批判――ウェーバーからルーマンを超えて』(弘文堂、一九九三年)。

第4章　理解社会学の展開

(1) 『世界宗教の経済倫理』の連作全体をヴェーバーの到達点を示す一体の作品として見通してその意味を見極めるために、これ以降は第一論文の『儒教』についても改訂による変化をとりあえず度外視し、『宗教社会学論集』に収録された最終版の『儒教と道教』を正本として扱って考えることにします。

(2) 詳細については拙著『マックス・ウェーバーと現代・増補版』(青弓社、二〇一三年)を参照していただきたいと思います。

おわりに

(1) 安藤英治「ウェーバーにおける近代と古代」(『ウェーバー歴史社会学の出立――歴史認識と価値意識』未來社、一九九二年)。

あとがき

これまで世に問うてきたどの著作のときもそうだったように、本書を書き終えて、いまはその達成感と反面にある不全感という両極の感慨がわたしの胸に交錯します。それについて今回とりわけ驚かされるのは、やはりその落差のことです。この感覚の大きな振幅は、もちろん落ち着かない思いともなりますが、本書が選んだ方法そのものに由来するのでしょう。そうであれば、これも一段階の達成としてしっかり受け入れたいと思います。

本書は、マックス・ヴェーバーの学問を〈理解社会学〉として捉えて、解明的理解という方法の核から一貫した見通しをもってその全体像を描きだし、それを広く紹介しようという企図から生まれたものです。「はじめに」でも述べたようにこのはっきりした志向性を持つ本書は、多面的な存在であるヴェーバーの全体像という観点から見ると、その多くの側面についての言及を断念するという代償を伴うものであり、そこに成り立つはずの像はその意味で確かに（もっとも重要でも、しかし）「一面的」であると認めねばなりません。

とはいえ、ヴェーバーの〈学問〉ということなら、もちろん社会学、経済学、政治学、法学など多くの学問分野に関わり、その対象も西洋のみならず中国、インド、古代ユダヤなど世界に広がる諸文化圏の事象に及んで、確かにとてつもなく巨大だけれど、しかし理解社会学として関心と方法の軸はしっかり定まり、そこに焦点を定めれば統一的な観点から明晰に了解可能となしうるはずだ。こんな見通しに支えられて企画は進められてきたのです。

思えば、理解社会学としてヴェーバーの全体像を描くというこの希望は、わたし自身にとっては、一九八三年に初めての著作『マックス・ウェーバーと現代』（三一書房）を刊行して以来のものでした。その著作で『ロッシャーとクニース』に取り組み解明的理解という方法を論じたわたしは、それを出発点にすればヴェーバーの全体像を描くのも比較的容易であろうと、そのときはやや安易に考えていたと思います。ところがその道は、やはり簡単なものではありませんでした。それにはもちろんわたし自身の力量不足が基本にあったと思いますが、その点を度外視したとしても、まずは一方にあまりに壮大なヴェーバーの学問が広がり、他方では、それまでのヴェーバー研究が一般に、理解社会学という観点をしっかり据えて対象にアプローチする姿勢が弱かったということがあって、この学問全体を理解社会学として見通すということ自体がなお大きな困難を抱えていたのです。

わたし自身のヴェーバー研究の歩みとしては、続いて一九九三年に『近代法システムと批判』（弘文堂）という著作を刊行し、ここで『経済と社会』に含まれる「法社会学」については一定の考察を示しました。しかし、そこから対象をヴェーバーの学問全体に広げて同様の考察を徹底して進めるにいたらず、ここでしばらく時期を過ごすことになります。それは、わたし自身の仕事のもうひとつの柱である、日本と東アジアの近現代史を植民地主義の観点から問う思想史研究が前面に出ている時期でした。そのときにヴェーバーの理解的方法は、こちらで確かに活かされているとわたしは考えています（『大塚久雄と丸山眞男』［二〇〇一年、青土社］、『詩歌と戦争』［二〇一二年、NHK出版］）。

そんなわたしのヴェーバー研究にとってひとつの転機となったのは、やはり、筑摩書房で当時は新書を担当されていた永田士郎さんからこの新書出版のお話をいただいたことでした。なるほど新書という形であれば、年来の懸案であったヴェーバー理解社会学の全体像を見通しよくまとめることがかえって可能になるかもしれない、そう考えたわたしはそのお話を即座にお引き受けし、ただちに準備に取りかかったのでした。

もっとも、実際に時間を要したのはさらにそこからです。理解社会学としてヴェーバーの全体像を描くという課題に「新書で」というステージが指定され、そのためにわたしが始めたのは、ヴェーバーの基本文献を〈理解社会学〉という観点から徹底して読み直すという作業でした。しかもその際に、基本文献であればこそすでに通説にもなって分厚く重ねられている「先行研究」をまずはしっかり括弧でくくり、新書の記述を想定して読者が明晰に理解できるのかをも厳しく問いながら、それら基本文献を徹底して読み直すというきわめて基礎的な作業を重ねていったのです。これは確かに時間を要する作業でしたが（いったい何年になったでしょうか?）、本書の内容にとっては、実質的にもっとも重要な作業であったといまは思います。それは、「専門研究者」としてすでに読解が済んでいるはずの基本文献について、わたし自身が新しい発見を重ねながら進む旅となりました。そのようにして〈理解社会学〉を忘れている「既存のヴェーバー理解」がすっかり洗い流され、そこに〈新しいヴェーバー像〉が確かに立ち上がったと、わたしは感じています。

こうして成立した本書であれば、まずは文字通り「ヴェーバー入門」の書として新しくヴェーバーに触れる方々に届けばと思いますが、それだけでなく既存のヴェーバー理解が根本から問い直されるように、すでにヴェーバーになじんでいる方々にも広く読まれることを望んでいます。本書でていねいに見てきたように、この〈理解社会学〉という学問は、社会的行為の意味を内面の動機から理解し、そこから人間の生のあり方、社会の行く末を深く問うていく学問なのです。本書によりこの意味での〈理解社会学〉が再発見され、このヴェーバーがまた多くの方々に読まれ論じられるようになれば、と切に思います。

本書の成立は、最初にこれを企画し、わたしの作業の遅れを辛抱強くお待ちくださった永田士郎さんの存在抜きにありえません。また田所健太郎さんは、担当編集者として丁寧な仕事をすすめ、一橋大学伊豫谷ゼミで学ばれた知見を生かした的確なアドバイスで助けてくださいました。わたしの大切な一書がこの形で実現したことを、両氏に感謝いたします。
また、わたしのヴェーバー研究の道行きは、ともに歩みつねに議論に応じてくださる仲間たちがあってこそ成り立っています。折原浩さん、荒川敏彦さん、鈴木宗徳さん、三笘利幸さん、みなさんに本当に心から感謝しています。

「スペイン風邪」と呼ばれたインフルエンザの余波がなお続く一九二〇年、マックス・ヴェーバーが亡くなったその年から一〇〇年が過ぎました。この二〇二〇年は奇しくも「新型コロナ」のパンデミックがまた世界に広がり、いまは先行きがなお見通しえないところにあります。「コロナ後」にどんな世界が開けるのか、確かなことは言えませんが、それでも変化は現代人の生活態度そのものに深く及ぶはずだとの予感が、いまや実感になりつつあります。そんな変化のときであれば、社会的行為を理解しその生活態度から生のあり方を問うたヴェーバー理解社会学がまた不可欠なものになるはずと、わたしはあらためて考えています。

二〇二〇年一一月一一日

中野敏男

(157)政治と宗教との間の緊張　(158)強圧行為・暴力と宗教性
(159)国家・権力と宗教

Ⅲ　宗教倫理と性的なもの

(160)宗教性と性的なもの　(161)倫理的宗教性と性愛の敵視
(162)性愛への昇華と宗教倫理

Ⅳ　宗教倫理と芸術

(163)芸術領域との緊張　(164)芸術および呪術・儀礼の価値低減
(165)宗教性の芸術への通路　(166)合理的宗教による芸術手段の拒否

第九節　文化諸宗教と現世

Ⅰ　ユダヤ教とイスラムの現世志向

(167)ユダヤ教の現世志向性　(168)ユダヤ教と資本主義
(169)経済的営利とキリスト教・ユダヤ教
(170)ユダヤ教の律法的宗教と現世　(171)イスラムの現世順応

Ⅱ　仏教・ヒンドゥー教における現世無関心

(172)原始仏教の現世拒否　(173)仏・道・ヒンドゥーの生活方法
(174)資本主義と東西宗教性

Ⅲ　初期キリスト教の現世無関心

(175)初期キリスト教の現世拒否　(176)初期キリスト教の反知性主義
(177)再臨への期待と現世無関心

[未完]

(115)カリスマ的再生　(116)自己神化……エクスターゼ
(117)自己神化儀礼の非日常性　(118)日常 - 非日常の矛盾の除去
(119)宗教的練達者　(120)練達者の倫理

(b)自力救済の生活態度　禁欲と観照

(121)行為の賜物としての救済　(122)神秘的観照と禁欲との対比
(123)禁欲と観照の現世への態度①　(124)禁欲と観照の現世への態度②
(125)東西比較の根拠へ　(126)①西洋における全能なる神観念
(127)②アジア救済宗教の知的性格　(128)③ローマ的西洋での法発展
(129)④ローマの官職貴族の合理主義
(130)⑤合理的組織体としての西洋教会

Ⅱ　救済への方途と生活態度　その二　他力救済

(131)神の業としての救済へ　表題
①恩寵授与による救済
(132)救助者、救世主、救済者　(133)カリスマとアンシュタルト
(134)アンシュタルト恩寵と恭順
②信仰による救済
(135)教説の知的理解と信仰　(136)信仰と知的貴族主義
(137)知性の犠牲としての信仰　(138)信仰的宗教性のアノミスムス
(139)神の子という意識　(140)救世主への性愛的関係
③予定恩寵による救済
(141)予定恩寵　(142)予定恩寵説の生活態度

第八節　宗教倫理と現世

(143)宗教倫理の体系化と現世　(144)緊張関係の動的展開

Ⅰ　宗教倫理の諸形態と現世との関係

(145)孝順と教団宗教性　(146)家族的孝順を超える教団宗教性
(147)喜捨と慈善　(148)利得の排斥
(149)社会関係の物象化との対立　(150)宗教的倫理の妥協
(151)徹底した禁欲的合理的な宗教性
(152)神秘的宗教性「魂の聖なる売春」

Ⅱ　宗教倫理と政治集団

(153)宗教と政治集団の緊張　(154)神を祭る集団の政治的利害
(155)祭司階級と政治権力　(156)政治権力と宗教性

(77)ルサンチマン説について①　(78)ルサンチマン説について②

第六節　知性主義と神義論・救済

Ⅰ　知性主義という問題

(79)知性主義という問題　(80)知性主義的宗教性の社会的基盤
(81)神秘主義と知性主義　(82)知性主義の身分形成作用
(83)意味問題の生成　(84)知性主義と現世逃避
(85)「賤民」的知性主義

Ⅱ　西洋における知性主義の特質と展開

(86)イスラエルの知性主義　(87)キリスト教以前の知性主義
(88)初期キリスト教の小市民的知性主義　(89)イスラムの知性主義
(90)西洋中世の上流教養層とフマニスト
(91)ピューリタニズムの平民的知性主義　(92)反宗教的セクトへ
(93)ロシアのインテリゲンチャ　(94)今日の宗教的知性主義

Ⅲ　神義論問題

(95)神観念の合理化と神義論　(96)神義論の諸類型
(97)メシア的終末論　(98)彼岸信仰　(99)二元論　(100)「業」の教説

Ⅳ　宗教的救済と再生

(101)救済宗教という問題　(102)宗教への功利的な期待
(103)「彼岸的」救済へ　(104)救済憧憬と生活態度
(105)此岸での聖化　(106)再生

第七節　救済方法と生活態度

(107)救済への方途という問題へ

Ⅰ　救済への方途と生活態度　その一　自力救済

(a)自力救済の技

(108)自力による救済　表題
①儀礼主義
(109)儀礼主義　(110)帰依的敬虔の極限事例
(111)儀礼の意義の推移　(112)律法への体系化
②社会的所業
(113)善き業の倫理の体系化　(114)所業……人格の徴候として
③自己完成

『宗教ゲマインシャフト』パラグラフ一覧（著者作成）

（　）はパラグラフの通し番号を示す

第一節　宗教領域の分立化

Ⅰ　非日常的なものの分化

(1)宗教的・呪術的な行為の起点　(2)抽象化の第一歩……精霊信仰
(3)神的なものの人格化と非人格化　(4)霊魂……「超自然的」な諸力

Ⅱ　象徴主義

(5)象徴機構の成立　(6)象徴的行為の類型化作用
(7)象徴主義への移行　(8)象徴主義の思考様式

Ⅲ　パンテオン形成

(9)神観念の持続化　(10)パンテオン形成　(11)神概念の合理化へ
(12)天の神々と下界の神々　(13)行為の種別化と特殊神
(14)特殊神①……地方神　(15)特殊神②……職業神
(16)神々の統合と優位形成　(17)パンテオン形成の原理
(18)一神教への先駆けの普遍主義　(19)厳格な一神教への障害

Ⅳ　呪術と宗教

(20)神強制と神奉仕　(21)呪術を超え出る動き　(22)宗教と呪術

第二節　祭司と宗教倫理

Ⅰ　祭司の概念

(23)呪術師と祭司の区別　(24)祭司の規定……祭儀経営
(25)神の力の確証と祭司

Ⅱ　倫理的な神の成立

(26)神の善悪と祭儀　(27)倫理的性質の神　(28)神占と神判
(29)世界の秩序と宗教倫理

Ⅲ　タブーから宗教倫理へ

(30)呪術的行動規範……タブー　(31)タブー的規範の職業倫理的特質
(32)倫理的な罪の観念　(33)宗教倫理の発展とその担い手

1920.1	**『世界宗教の経済倫理』「古代ユダヤ教」結**（『アルヒーフ』46-3）
1920.6	ヴェーバー死去
1920.11	**『宗教社会学論集Ⅰ』**（チュービンゲン：J.C.B. Mohr）**「序言」、「プロテスタンティズムの倫理と資本主義の精神」、「プロテスタンティズムの教派と資本主義の精神」、『世界宗教の経済倫理』（「序論」、「儒教と道教」、「中間考察」）**
1921.1	**『宗教社会学論集Ⅱ』**（チュービンゲン：J.C.B. Mohr）**「ヒンドゥー教と仏教」**
1921.2	**『宗教社会学論集Ⅲ』**（チュービンゲン： J.C.B. Mohr）**「古代ユダヤ教」、「パリサイ人」**
1921.5	**『経済と社会』第1版、第1分冊**（チュービンゲン：J.C.B. Mohr）
1921.8	「都市」（『アルヒーフ』47-3）
1921.12	**『経済と社会』第1版、第2分冊**（チュービンゲン：J.C.B. Mohr）
1921.12	『音楽社会学』（ミュンヘン：Drei Masken Verlag）
1922.1	「正当的支配の三つの純粋類型」（『プロイセン年報』）
1922.6, 12	**『経済と社会』第1版、第3、第4分冊**（チュービンゲン：J.C.B. Mohr）
1922.10	**『学問論集』第1版**（チュービンゲン：J.C.B. Mohr）
1923.7	『経済史』第1版（ミュンヘン：Duncker und Humblot）

1916.4	**『世界宗教の経済倫理』「ヒンドゥー教と仏教」Ⅰ**（『アルヒーフ』41-3）
1916.11	「ヨーロッパ列強とドイツ」（『救助』11月9日号）
1916.12	**『世界宗教の経済倫理』「ヒンドゥー教と仏教」Ⅱ**（『アルヒーフ』42-2）
1917	**「社会学・経済学における「価値自由」の意味」**（『ロゴス』7-1）
1917.2-3	「ドイツの対外政策とプロイセンの国内政策」（『フランクフルト新聞』2月25日、3月1日）
1917.3	「帝国の選挙権緊急法」（『フランクフルト新聞』3月28日）
1917.4	「ロシアの外見的民主主義への移行」（『救助』4月26日）
1917.5	**『世界宗教の経済倫理』「ヒンドゥー教と仏教」Ⅲ**（『アルヒーフ』42-3）
1917.10	**『世界宗教の経済倫理』「古代ユダヤ教」**（『アルヒーフ』44-1）
1917.12	「ドイツにおける選挙法と民主主義」（『ドイツ民族国家』第2分冊）
1918.2	「国内情勢と対外政治」（『フランクフルト新聞』2月3日、5日、7日）
1918.5-12	**『世界宗教の経済倫理』「古代ユダヤ教」続**（『アルヒーフ』44-2, 3；46-1）
1918.5	『新秩序ドイツの議会と政府』（叢書『国内政治』Duncker und Humblot）
1918.8	「社会主義」（『フェーブス』）
1918.11-12	「ドイツの国家形態（『フランクフルト新聞』11月22日、24日、28日、30日、12月5日）
1919.1	「「戦争責任」問題について」（『フランクフルト新聞』1月17日）
1919.2	「大統領」（『ベルリン商況新聞』2月25日）
1919.6	**『世界宗教の経済倫理』「古代ユダヤ教」続**（『アルヒーフ』46-2）
1919.10	『職業としての学問』（叢書『職業としての精神労働』Duncker und Humblot）
1919.10	『職業としての政治』（叢書『職業としての精神労働』Duncker und Humblot）

1908	『封鎖的大工業労働者の淘汰と適応に関する調査』(アルテンブルク：Stephan Geibel)
1908.1	「前掲「抗弁」に対する覚書」(『アルヒーフ』26-1)
1908.4	「古代農業事情」(『国家学事典』全面改訂第3版)
1908.9	「ドイツの大学におけるいわゆる「教職の自由」」(『フランクフルト新聞』9月20日)
1908.9	「限界効用学説と「精神物理的基本法則」」(『アルヒーフ』27-2)
1908.11	「大学の教職の自由」(『ザーレ新聞』11月25日、27日)
1908.11	「工業労働の精神物理学について」Ⅰ(『アルヒーフ』27-3)
1909.1	「大学の教職の自由」(Salvisberg 編『大学通信』)
1909.1	「工業労働の精神物理学について」Ⅱ(『アルヒーフ』28-1)
1909.5	「工業労働の精神物理学について」Ⅲ(『アルヒーフ』28-3)
1909.9	「工業労働の精神物理学について」Ⅳ(『アルヒーフ』29-2)
1910.1	「資本主義の「精神」への反批判」(『アルヒーフ』30-1)
1910.9	「資本主義の「精神」への反批判的結語」(『アルヒーフ』31-2)
1911.5	**『ドイツ社会学会第一回大会(1910 フランクフルト)討議録』会務報告と討議**
1913.9	**「理解社会学のカテゴリー」**(『ロゴス』4-3)
1914.6	**『社会経済学綱要』「序言」、「1914年構成表」**(『社会経済学綱要』第一巻)
1915.10	**『世界宗教の経済倫理』「序論」、「儒教」Ⅰ・Ⅱ**(『アルヒーフ』41-1)
1915.12	**『世界宗教の経済倫理』「儒教」Ⅲ・Ⅳ、「中間考察」**(『アルヒーフ』41-2)
1915.12	「ビスマルクの外交政策と現代」(『フランクフルト新聞』12月25日)
1916.2	「二つの律法のはざま」(『婦人』2月号)
1916.3	「潜水艦作戦の強化」(フェリックス・ゾマリー博士と共同執筆の政府宛意見書)

1897.12	「古代農業事情」(『国家学事典』第1版補巻2)
1897.12	「取引所法」(『国家学事典』第1版補巻2)
1898.4	**「一般(「理論的」)国民経済学講義要綱」**(ハイデルベルク大学1898年度夏学期)
1898.7	「古代農業事情」(『国家学事典』全面改訂第2版)
1903.10	**「ロッシャーとクニースと歴史的国民経済学の論理的問題 I　ロッシャーの歴史的方法」**(『年報』27-4)
1904.4	**「社会科学と社会政策にかかわる認識の「客観性」」**(『アルヒーフ』19-1)
1904.9	「信託遺贈の農業統計的社会政策的考察」(『アルヒーフ』19-3)
1904.11	**「プロテスタンティズムの倫理と資本主義の精神 I　問題」**(『アルヒーフ』20-1)
1904.11	「古ゲルマンの社会体制の性格をめぐる論争」(『国民経済と統計年報』28-4)
1905.6	**「プロテスタンティズムの倫理と資本主義の精神 II　禁欲的プロテスタンティズムの職業理念」**(『アルヒーフ』21-1)
1905.10	**「ロッシャーとクニースと歴史的国民経済学の論理的問題 II　クニースと非合理性の問題」**(『年報』29-4)
1906.1	**「ロッシャーとクニースと歴史的国民経済学の論理的問題 II　クニースと非合理性の問題(続き)」**(『年報』30-1)
1906.2	「ロシアにおけるブルジョア民主主義の状態について」(『アルヒーフ』22-1)
1906.2	**「文化科学の論理学の領域における批判的研究」**(『アルヒーフ』22-1)
1906.4	「「教会」と「教派」」(『フランクフルト新聞』4月13日、15日)
1906.4	「北米における「教会」と「教派」」(『キリスト教世界』Nr.24-Nr.25)
1906.8	「ロシアの外見的立憲制への移行」(『アルヒーフ』23-1)
1907.2	**「R・シュタムラーによる唯物論的歴史観の「克服」」**(『アルヒーフ』24-1)
1907.7	「前掲「批判的寄与」に対する批判的覚書」(『アルヒーフ』25-1)

マックス・ヴェーバー著作年譜

一、ヴェーバーの著作活動が見通せるように、基本的な文献を刊行年月の順に一覧にした。本文中で言及した著作はゴシック体で示した。

一、典拠は、Bibliographie zur Max Weber-Gesamtausgabe (Stand: Oktober 2002), in: Bayerische Akademie der Wissenschaften, website である。

一、括弧内は、論文については掲載誌・紙とその巻号、単行本については出版社を示す。略称はつぎの通り。

・『アルヒーフ』……『社会科学・社会政策雑誌』

・『年報』……『ドイツにおける立法・行政・国民経済のための年報』(『シュモラー年報』)

1889.10	『中世商事会社の歴史』(シュトゥットガルト：F.Enke)
1891.10	『国法および私法への意義から見たローマ農業史』(シュトゥットガルト：F.Enke)
1892.12	「東エルベ・ドイツにおける農業労働者の状態」(『社会政策学会論集』55巻)
1893.7	「農業労働制度」(社会政策学会大会報告)
1894.6	「東エルベ農業労働者の状態の発展傾向」(『社会立法・統計雑誌』7-1)
1894.11	「取引所Ｉ　目的と組織」(『ゲッティンゲン労働者文庫』1-2, 3)
1895-96	「ドイツ取引所調査報告」(『総合商法雑誌』43-1, 2, 3, 4；44-1, 2；45-1, 2)
1895.7	**「国民国家と経済政策」**フライブルク大学教授就任講演
1896.5	「古代文化没落の社会的要因」(『真理．人間の生への問いと課題に関する半月刊行誌』6-1)
1896.9-10	「取引所II　取引所取引」(『ゲッティンゲン労働者文庫』2-4, 5)

ちくま新書
1535

ヴェーバー入門《にゅうもん》
――理解社会学《りかいしゃかいがく》の射程《しゃてい》

二〇二〇年一二月一〇日　第一刷発行

著者　中野敏男（なかの・としお）

発行者　喜入冬子

発行所　株式会社 筑摩書房
東京都台東区蔵前二-五-三　郵便番号一一一-八七五五
電話番号〇三-五六八七-二六〇一（代表）

装幀者　間村俊一

印刷・製本　三松堂印刷 株式会社

ISBN978-4-480-07360-0 C0236

ちくま新書

008
ニーチェ入門
竹田青嗣
新たな価値をつかみなおすために、今こそ読まれるべき思想家ニーチェ。現代の我々をも震撼させる哲人の核心に大胆果敢に迫り、明快に説く刺激的な入門書。

020
ウィトゲンシュタイン入門
永井均
天才哲学者が生涯を賭けて問いつづけた「語りえないもの」とは何か。写像・文法・言語ゲームと展開する特異な思想に迫り、哲学することの妙技と魅力を伝える。

029
カント入門
石川文康
哲学史上不朽の遺産『純粋理性批判』を中心に、その哲学の核心を平明に読み解くとともに、哲学者の内面のドラマに迫り、現代に甦る生き生きとしたカント像を描く。

071
フーコー入門
中山元
絶対的な〈真理〉という〈権力〉の鎖を解きはなち、〈別の仕方〉で考えることの可能性を提起した哲学者、フーコー。一貫した思考の歩みを明快に描きだす新鮮な入門書。

081
バタイユ入門
酒井健
西欧近代への徹底した批判者でありつづけた「死とエロチシズム」の思想家バタイユ。その豊かな情念に貫かれた思想を明快に解き明かす、若い読者のための入門書。

200
レヴィナス入門
熊野純彦
フッサールとハイデガーに学びながらも、ユダヤの伝統を継承し独自の哲学を展開したレヴィナス。収容所体験から紡ぎだされた強靭で繊細な思考をたどる初の入門書。

265
レヴィ＝ストロース入門
小田亮《まこと》
若きレヴィ＝ストロースに哲学の道を放棄させ、ブラジル奥地へと駆り立てたものは何か。現代思想に影響を与えた豊かな思考の核心を読み解く構造人類学の冒険。